いちばん
ていねいな
はじめての
おうちモンテッソーリ

北川真理子

KADOKAWA

はじめに

はじめまして、モンテッソーリアン（モンテッソーリ教師）の北川真理子です。

モンテッソーリ教育の保育園や幼稚園などで10年以上子どもたちを見てきた経験をもとに、現在はインスタグラムやオンラインサロン「子育ての学校」で、お父さん、お母さん向けに家庭で行う「おうちモンテッソーリ」についての情報発信をしています。

「モンテッソーリ教育」と聞くと、専用の教具や手作りおもちゃを使った活動（お仕事）をするというイメージが強いかもしれません。たしかに、それらの活動はモンテッソーリ教育の特徴的な部分ではありますが、一部でしかありません。モンテッソーリ教育で一番大事なのは、「子どもがモンテッソーリ教育の活動をやったかやらないか」ではなく、「子どもの心を大切にするかかわりをしているかどうか」なのです。

そこでおすすめしたいのが、ズバリ「教具なしのおうちモンテッソーリ」。教具は大事なものですが、とくに用意しなくても、今日から家庭でできることがたくさんあります。子どもとの日々のかかわり方や生活環境の整え方を変えることで、子どもは体も心も自立に向かっていけるのです。

本書では、難しい用語はなるべく使わず、年齢別にできることをわかりやすくまとめました。モンテッソーリ教育について何も知らないという方や、どうやって家で取り入れればいいのかわからないという方、家でやってみたけどうまくいかなかったという方にも、この本はぴったりです。モンテッソーリ教育を難しく考えず、気軽にできることから一緒にはじめてみましょう。

この本を読み終えたころには、子どもの気持ちがわかるようになります。そして子どもに対する見方が変わり、子育てがとっても楽しくなります。そして、あなたの子どもへのかかわりやおうちの環境が変わると、子どもが変わっていきます。「おうちモンテッソーリ」を日常生活に取り入れることで、子どもも親も生き生きできるのです。日々、お仕事や家事でがんばっていらっしゃるみなさんの、子育てのお役に立てれば幸いです。

北川真理子（モンテッソーリアンまりこ）

Chapter 1 モンテッソーリ教育のイロハ

Chapter 2 子どもにかかわるときに覚えておきたいこと

Chapter 3 0〜2歳の子どもたちにはこう接しよう

Chapter 4

3〜6歳の子どもたちにはこう接しよう

Chapter 5

プレママ&プレパパのための入門編

Chapter 6

難しくないモンテッソーリ的環境の整え方

むすび

〝おうちモンテ〟にまつわるQ&A

ブックデザイン
細山田デザイン事務所（細山田光宣＋奥山志乃）
イラスト　fancomi
DTP　山本秀一・山本深雪（G-clef）
編集協力　江頭恵子、北川淳人
校正　福本恵美（夢の本棚社）
編集　川田央恵（KADOKAWA）

Chapter

1

モンテッソーリ教育のイロハ

「モンテッソーリ教育」とは、
そもそもどんなものなのでしょうか？
いろいろなイメージがあるかと思いますが、
意外と知られていない事実もあるのです。
ここでまず、詳しくご説明します。

モンテッソーリ教育ってどんな教育？

モンテッソーリ教育は「子どもが自分で育つ力を信じる」教育です。言い換えれば、「大人が子どもに教えない」教育ともいえます。モンテッソーリ教育では、子どもは大人から教わって学ぶのではなく、自分自身で学んで成長していきます。モンテッソーリ教育の特徴はいろいろありますが、この点がもっとも特徴的な部分であり、他の教育と大きく違う部分です。

では、大人は何もしなくていいのかというと、もちろんそうではありません。大人の役割は、子どもが自分自身で学べるように手助けをすることや環境を整えることです。これから、この本の中で具体的な子どもとのかかわり方や、自宅での環境の作り方などをたくさん紹介していきます。

実際にやってみると、うまくいかないことや、悩み、疑問に思うことが出てくると思います。そんなときは「わたしは『子どもが自分で育つ力』を信じられているか？」と、考えてみてください。

モンテッソーリ教育って「知育」じゃないの？

モンテッソーリ教育＝「知育」というイメージを持つ方もいらっしゃるかもしれません。知育が知能を伸ばすことを「目的」とした教育だとしたら、モンテッソーリ教育は「知育ではない」でしょう。

モンテッソーリ教育で大切にしているのは、自立心、責任感、集中力、自己肯定感、自己コントロール力、向上心、挑戦し続ける心、論理性、やさしさ、思いやりなど、目に見えない「心」を育てることです。

たとえば、モンテッソーリ教育を受けていて、5歳でかけ算ができる子もいます。それはたしかにすごいことかもしれませんが、大事なのはかけ算ができたことではありません。そのかけ算の活動を自分で選び、何度もあきらめずに取り組み、集中して何度も繰り返したという過程のほうが大切なのです。

活動を通して知能が伸びることはありますが、それは結果であり目的ではないことを忘れないでください。知能を伸ばすことや活動を上手にこなすことが目的ではなく、モンテッソーリ教育はいつも子どもの心に目を向けています。

ひとくちメモ

モンテッソーリ教育は1900年代初頭に、イタリアの医師であるマリア・モンテッソーリが、医学的・科学的な知識と子どもの観察を通してまとめ上げた教育法です。当時は仮説でしかなかったような内容も、昨今の科学の進歩により科学的な証明がなされはじめ、さらに注目されています。

モンテッソーリ教育でどんな子になるの？

子どもが自分で育つ力を信じて、心を育てるモンテッソーリ教育をすると、子どもにどんないいことがあるのでしょうか。モンテッソーリ教育を受けた子どもたちの特徴をいくつかご紹介したいと思います。

自立していて親の手がかからない

モンテッソーリ教育は自分の身の回りのことや家のことなど、日常生活をとても大切にしています。モンテッソーリ教育的な環境があると、子どもは自分から少しずつ自立へと向かうことができます。

「自分の身の回りのことが自分でできる」という肉体的な自立は「ひとりの人間として生きる」という意識、精神的な自立を促してくれます。大人がやってあげなくてもなんでも自分でできる。大人からしたらこんなにすばらしいことはありませんよね。

自己コントロールできる

子どもは指先を動かすのが大好きです。モンテッソーリ教育にもたくさんの指先を使う活動があります。指先は第二の脳と呼ばれるくらいで、指先を使うことで脳が刺激され発達します。

指先を使うメリットはそれだけではありません。指先を使うことで、自己コントロールや自分を抑制する理性的な部分も成長します。指先の細かい作業がうまくできなくてイライラすることは大人でもあるように、指先をコントロールすることは、同時に心をコントロールすることでもあるのです。もちろん集中力もついていきます。

素直な子になる

子どもはわがままで、やんちゃで、じっとしていないというイメージがあるかもしれません。たしかにそんなお子さんの姿を見ることはありますが、モンテッソーリ教育ではそれは子どもの本来の姿ではないと考えています。子どもとは素直で、落ち着いているものなのです。

ではどうすれば、子どもが素直で落ち着いた本来の姿になってくれるのでしょうか？　それには、子どもの「やりたい」という気持ちに応えることが大切です。やりたいことを気の済むまで繰り返すことで、子どもは満足し本来の姿を手に入れます。そして、子どもの「やりたい」に応えるためにあるのが、モンテッソーリ教育の活動なのです。

モンテッソーリ教育を受けた子の将来は？

モンテッソーリ教育を受けた方の中には、藤井聡太さん（棋士）をはじめ、グーグルやアマゾンといった世界的企業の創始者やスポーツ選手、芸術家、音楽家など様々な方がいます。このみなさんの共通点は、「なりたい自分になった」ことではないでしょうか。

強い意思と責任感を持つ

モンテッソーリ教育では、活動は子どもが自分で選びます。「あなたはこれをやりなさい」と、大人が指示することはありません。自分の活動を自分で選ぶという自己選択を繰り返すことで、自分は何をやりたいのか、自分の考えや意思をはっきりと持ち、やりたいことを実行する力を身につけていきます。

実行力が身につくと、大きくなっても指示がないと何もできないとか、どんな仕事をしたいのかわからないということにならなくて済みます。また、いつも自分のやることを自分で選ぶことで、小さいうちから責任感も育みます。

自己犠牲ではない、本当の思いやりとやさしさ

モンテッソーリ教育は個人を尊重します。活動もほとんどが個別活動です。ひとりの活動ばかりしていると、わがままになり、他人を思いやることとやさしく

する心が育たないのでは？　と思いがちですが、そんなことはありません。むしろ、自分をひとりの人間として尊重してもらった経験があるからこそ、他人のこともひとりの人間として尊重することができるようになります。また、ひとりの活動を心ゆくまでやり心が満たされることで、本当の意味で他人を思いやってやさしくすることができます。身の回りの人を思いやるところからはじまり、顔を知らない遠くの誰か、地球に住むすべての生命、地球そのもの、宇宙そのものを思いやることができる、そんな心を持つようになります。

常に学び、成長し続ける「自己教育力」

モンテッソーリ教育を受けて育った子どもたちの共通点は「自己教育力」を持っていることです。モンテッソーリ教育では、子どもたちは自分で自分の課題を見つけ、挑戦します。失敗したらその理由を自分で考え、気づき、修正し、また挑戦します。うまくいけば、次の課題を探し、取り組みます。この繰り返しが、子どもの自己教育力を育み、大人になっても自分を高め、成長し続けていける人になります。

科学が日々進歩し、どんな将来が待ち受けているか予想できない時代にこそ、この自己教育力は大きな武器になるでしょう。

モンテッソーリ教育への向き不向き

お子さんにモンテッソーリ教育が合うか合わないかは、気になるところでしょう。結論から言うと、どんなお子さんにもモンテッソーリ教育は向いています。モンテッソーリ教育は教具が特徴的なので、「屋内で机に向かって座ってやる教育」のようなイメージをお持ちの方がいらっしゃるかもしれませんが、教具がすべてではありません。全体から見れば、むしろほんの一部なのです。

外遊びが好きな子でも大丈夫

「うちの子は外遊びが好きだから、モンテッソーリ教育は合わないのでは？」と思われる方もいらっしゃるかもしれませんが、心配しないでください。モンテッソーリ教育でも外遊びはします。

不思議なことに、子どもは外遊びを満足するまでやると、屋内の活動、より体のコントロールが求められる活動や指先を使う活動に自然と気持ちが向いていきます。子どもは体をただ動かしたいだけではなく、体全体のいろいろな動きをコントロールしたいのです。

ご家庭でもお子さんが体を思いっきり動かしたいようだったら、屋内で活動させようとするのではなく、まずは外遊びをしに行きましょう。

「子どもをコントロールしたい親」には不向き

モンテッソーリ教育が大事にしているのは、子どもの「やりたい」という気持ちであって、親の「やってほしい」という気持ちではありません。よって、「どんな子どもにも向いている」とは言いましたが、子どもをコントロールしたいと思っている親には不向きです。モンテッソーリ教育は、子どもがなりたい自分になるための教育であって、「親が望む姿に子どもを育てる教育」ではありません。

ですから、子どもに「○○をやらせたい」「○歳までに○○をできるようにしたい」「将来は○○になってほしい」など、そういう思いが強すぎるお母さん、お父さんにはモンテッソーリ教育を取り入れるのは難しいでしょうし、モンテッソーリ教育の考えを受け入れにくいでしょう。

そんな方は、「はじめに」でもお話しした「子どもの自分で育つ力を信じる」というマインドに切り替えてみてください。子どもはいつでも自分を成長させようとしています。子どもを観察して心の声を聞き、成長を手助けしましょう。

モンテッソーリ園と「おうちモンテ」の違い

大前提として、モンテッソーリ教育は保育園や幼稚園、子どもの家（モンテッソーリ教育を実践する保育施設）で実践するように考えられているので、家庭にそのまま取り入れることはちょっと難しい部分もあります。「おうちモンテッソーリ」をはじめる前に、モンテッソーリ園と一般的な家庭との環境の違いを知っていただき、その上でどのように取り入れたらいいかお話しします。

▼モンテッソーリ園
モンテッソーリ教育の資格を持ったプロフェッショナルな先生がいる
すべての教具がある／子どもサイズの生活空間がある
大人ひとりに対してたくさんの子ども／日常生活の練習
絶対にケガはさせられない

▼おうちモンテッソーリ
保護者がいる／教具はない／大人のサイズの生活空間がある／親2人に対して1〜数人の子ども／本当の日常生活がある／ケガは自己責任

①大人の違い
モンテッソーリ園には専門の先生がいます。資格取得には1年以上かかり、多

くの知識や実践経験が必要です。お母さんやお父さんは教師のようになれませんし、なろうとしなくてかまいません。また、「園ではできるのに家ではできない」など、親への甘えが出ることもあります。ですが、家庭で園のようなふるまいを子どもに求める必要はありません。家は子どもにとって休む場所でもあるので、無理せず「子どもが元気なときに少しずつ活動させられればいい」というマインドで取り入れてみましょう。

②教具の有無

モンテッソーリ園には、様々な分野の教具があります。一方、家庭には教具はありません。ですが、「おうちモンテッソーリ」をはじめるために、家庭で教具をわざわざ買いそろえる必要はありません。親のかかわりや日常生活など、教具がなくてもできることはたくさんあります。

③環境の違い

モンテッソーリ園には子どもサイズの生活空間があります。トイレや水場の高さも、生活のための道具の大きさもすべて子どもが使いやすいものが用意されています。一方で家庭のトイレやキッチン、洗面所などは、大人が使いやすい高さで、生活の道具も大人基準のサイズです。つまり子どもにとっては生活しにくい空間なのですが、家庭で洗面所の高さを下げる工事をする必要はもちろんありません。踏み台を用意するなど、家庭ならではの工夫をしましょう。Chapter6では子どもが生活しやすい空間を作る工夫についてお話しします。

④子どもの数

モンテッソーリ園には多くの子どもたちがいて、子ども同士がお互いに刺激を受けることで、幅広く興味を持つことができます。また、異年齢が同じクラスで過ごし、年少者や年長者とのかかわりの中で自然と他者を思いやったり、敬ったりすることを経験します。一方、家庭では子どもはひとり~数人なので、子どもが幅広い興味を持つには親が様々なことを紹介する必要があります。

⑤日常生活

モンテッソーリ教育は日常生活（手洗い・トイレ・洋服の着脱など身の回りのことや、料理・洗濯・掃除など家事）を大切にしています。モンテッソーリ園では「日常生活の練習」として様々な活動がありますが、家庭で「日常生活の練習」の活動をする必要はありません。家庭には本当の日常生活があるからです。身の回りのことや家事をお子さんと一緒に楽しんでやってみましょう。

⑥ケガ

モンテッソーリ園に限らず、保育園や幼稚園はお子さんをお預かりするところで、ケガがないように配慮しなければなりません。安心してお子さんを預けられる反面、ケガの可能性があることに挑戦させてあげられない歯がゆさもあります。

一方、ご家庭では親と子が1対1でかかわることができるので、園では挑戦させてあげられないようなことも挑戦させてあげられるでしょう。

0〜6歳の痛い思いは、他人の痛みを想像できるやさしい心の育成につながります。大きなケガは心配ですが、ちょっとしたケガは子どもの心を育てる要素になります。ダイナミックな運動にも挑戦させてあげたいですね。

このように環境が違うので、園でやっているモンテッソーリ教育をそのまま家庭に持ち込むことはできません。園はモンテッソーリ教育をするための空間になっていて、実践しやすいのは当たり前です。一方で、親と子が1対1でかかわることができるなど、家庭だからこそできることもあります。アレンジや工夫をしながら、モンテッソーリ教育を家庭に取り入れてみましょう。

モンテッソーリ教育は、いつはじめても大丈夫です！

「うちの子、もう○歳なんですが、遅いでしょうか？」とよく聞かれますが、そんなことはありません。4〜6歳からはじめられることもたくさんあります。思い立った「今」はじめるのが、一番の近道です。

大切なのは、その時期のお子さんの発達に合ったかかわりをすることです。発達に合わせるには、「敏感期」が重要です。また、妊娠中（胎児期）にできることもあります。

「敏感期」とは？

0〜6歳の子どもには「敏感期」があります。敏感期とは、特定のことに対して感受性が高くなる時期のこと。たとえば言語の敏感期では、子どもは言語の感受性が高くなり、日本語を聞いて理解して話すことが、わずか2年ほどでできるようになります。敏感期のすごいところは、何の苦もなく（むしろ夢中になり）感受性が高くなっていることを習得することです。言語の敏感期にいる子どもは、日本語を習得することに何の苦労も感じていません。

はじまりと終わりがある

敏感期には、はじまりと終わりがあります。たとえば数の敏感期にいる子どもは、数のことを知りたくて仕方ありません。数のことを紹介すれば、なんの苦もなく数を数え、加減乗除の概念を理解します。ですが、数の敏感期がまだの子どもも、もしくは数の敏感期が終わった子どもに数のことを紹介しても、興味を持てなければ無理やりやらせることになり、苦痛になってしまいます。敏感期を逃さないようにして最大限活用できると、子どもの成長を助けることができます。

どんな敏感期があるの?

●運動の敏感期　胎児期〜6歳

歩く、走る、跳ぶなど大きな運動だけではなく、指先の細かな運動も含まれます。「自分の操縦者になりたい!」と思う子どもは、様々な運動を繰り返し、身体を発達させ、動きをどんどん洗練させていきます。落ち着きがないのではなく、自分の身体をコントロールする練習をしているのです。

●感覚の敏感期　胎児期〜6歳

五感(視覚、聴覚、触覚、味覚、嗅覚)を磨いていきます。誕生〜3歳までは、五感で感じたことをたくさん吸収し、3〜6歳では吸収した感覚をさらに洗練させていきます。五感は生きるために必要な注意力や観察力につながります。たとえば感覚の敏感期に「見る」ことをたくさん経験した子どもは、「よく見て」と言わなくても自然に「よく見る」ことができます。外でなんでもベタベタ触るのも感覚の敏感期の現れかもしれません。

●言語の敏感期　胎児期〜6歳

聞く、話す、書く、読むなど、言語を習得していきます。妊娠7か月から、聞いて言語を吸収しはじめ（聞く敏感期）、生後5か月から喃語を発しはじめ、1歳半ごろから発語、2〜3歳で話し言葉が爆発します（話す敏感期）。ずっとひとりでしゃべっていて集中できていないと思ったら、話す敏感期かもしれません。3〜6歳では書く敏感期、読む敏感期がやってきます。

●社会性の敏感期　誕生〜6歳

人とのかかわりを習得していきます。誕生〜3歳は人との接し方を見て吸収し、3〜6歳は人とのかかわりはどうするのが正解なのか関心があり、大人のようにふるまうのが楽しい時期です。

●秩序の敏感期　誕生〜3歳

いつも同じ人、同じやり方、同じ順番、同じ配置がよくて、そうでないと嫌だ！と反発します。大人からしたら、わがままと映るかもしれませんが、秩序を大切にすることは論理性など整理された思考を育てることにつながります。

●数の敏感期　4〜6歳

数を数えたり足したり引いたり、加減乗除の概念も理解できるようになります。

敏感期は子どもの成長に必要なもの

敏感期があるのは、子どもの成長に必要だからです。運動の敏感期に子どもにじっとしていることを強いる、言語の敏感期に「静かにして」と黙らせる、感覚の敏感期にミトンをつけて触覚が使えないようにするなど、敏感期を邪魔することは、子どもの成長を邪魔しているのと同じです。敏感期には思う存分その敏感期のことをできるようにしてあげることが、子どもの成長を大きく助けます。

この本では具体的にどういうことができるのか、年齢別により詳しくご紹介していきます。

個人差があるから比べない

敏感期がやってくる時期には個人差があります。たとえば、数の敏感期は4～6歳ですが、4歳に訪れる子もいれば、5歳の子もいます。なので、「同い年のAくんは100まで数えられるから、うちの子にも教えなきゃ！」と、あせらなくていいのです。Aくんは数の敏感期が早くきただけです。どの敏感期も必ずやってきます。周りの子と比べるのではなく、目の前のお子さんが「今」、なんの敏感期なのかを見極めてかかわりましょう。

敏感期を逃したら

たとえば、みなさん日本語は話せますが、英語はどうでしょうか。学生時代に勉強したのにもかかわらず、英語は話せないという方もいらっしゃるのではないでしょうか。これは英語が日本語より難しいからというわけではありません。英語を学んだ時期が言語の敏感期を過ぎていたのです。

敏感期を逃すことは、「目的地までの最終のバスに乗り遅れるようなもの」というたとえをすることがあります。そう聞くと敏感期を逃すことが絶望的に思えますが、そんなこともありません。

モンテッソーリ教育で育った子どもたちは、「自己教育力」が身につきます。もし敏感期を逃してしまったとしても、必要があれば、努力をして自分を成長させていくことができるでしょう。自分自身を成長させようとする力、向上心や挑戦する心を育てることは、長い目で見れば、敏感期以上の強力な力となるのではないでしょうか。

Chapter

2

子どもにかかわるときに覚えておきたいこと

0〜6歳までの子どもたちすべてに共通する接し方・考え方をまとめました。
場合によっては、
それ以降にも通じる内容です。
お子さんが何歳であっても、
ぜひ心がけてみてください。

1%から「自分でやる」

手伝う割合を変化させていく

子どもの身の回りのことを全部やってあげる、もしくは全部まかせていませんか？　たとえ0歳であっても、全部やってあげると、子どもはなかなか自分でできるようになりません。逆に全部まかせると、はじめはうまくできないために、自分でやることが嫌になり、こちらも自分でできるようになりません。なので、少しでいいので自分でできるところは子どもにまかせ、うまくできないところを手伝いましょう。

はじめは99%が大人、1%が子どもでいいのです。成長に合わせて手伝い方を変えていきましょう。次第に親が50%、子どもが50%になり、気づけば子どもが100%やっているようになるといいですね。

「自分でやる」という気持ちを大切に

たとえば1歳くらいなら、ズボンの足は通してあげて引っ張るのを子どもにまかせるのでもいいです。それも難しければ、ズボンの端を持たせるだけでもいいし、大人がやるのを子どもが見ているだけでもかまいません。一番よくないのは子どもにおもちゃなどを渡し、その間に大人が着せてしまうこと。大人100%、子どもも0%のかかわりは、これは「あなたのやることではない」と伝えるようなものです。

親がやるほうが早いでしょうが、いつまでやるの？　と考えてみてください。少しずつ手放し、子どもが自分で全部できるようになったら、本当に楽です。しかも、子どもは「自分でできた」と達成感を感じることができます。それが、子どもの自立心や自信を育みます。

「できた」が心を育てる

達成感が自信となって次の挑戦へ

「できた」と思える体験は、子どもの心を育てます。「できた」を体験すると子どもは達成感を感じ、それが自信につながります。自信をつけた子どもは「他もやってみよう」と新しいことや困難なことにもチャレンジします。挑戦する心が身につくのです。そして、「またできた」と何度も「できた」を繰り返して「いつのまにかすごく集中していた」という状態になります。「できた」は集中力も育てるのです。

いろいろな「できた」を経験すると、もしできなくても「もう一度やろう。こうかな?」と失敗を恐れず、試行錯誤しながら忍耐強くがんばれるようになります。大げさかもしれませんが、これは自分で未来を切り開く力になるのです。

心に余裕ができ、人にやさしくなる

「できた」は、子どもの心を満たしてくれます。すると心に余裕ができ、人にやさしくできたり大らかになったり、人に愛を分け与えられるようになります。

ここで知っておいてほしいのは、「できた」は、教具や知育玩具にだけあるのではないことです。実は日常生活の中にたくさんの「できた」があります。「ひとりで歩けた」「ズボンがはけた」「お菓子の袋を自分で開けられた」「自分でお出かけの準備ができた」「料理のお手伝いができた」など、毎日続く日常の中でどれだけ「できた」を感じられるかで、子どもの心は大きく成長していきます。

お子さんが「できた」を感じられるようにかかわったり、環境を整えたりしてみましょう。

まず
親が変わる

子どもの見本になるふるまいを

子どもは身の回りにいる人の動き、ふるまいや言葉などなんでも吸収します。そのすごさがわかるのは言語。親が生活の中で日本語で会話し、子どもがそれを見たり聞いたりするだけで、自然に日本語がペラペラになります。吸収力は子どもの成長を大きく助けますが、良し悪しを判断することなくなんでも吸収することに注意しましょう。親は子どもの見本としてふるまうことが大切です。

やってほしいことは積極的に見せる

子どもにやってほしいことがあれば、親はそれを積極的に子どもに見せます。たとえば、「ありがとう」を言える子になってほしいなら、自分が「ありがとう」と言う姿をたくさん見せましょう。

やってほしくないことはやらない

逆に子どもにやってほしくないことがあれば、それを子どもの前でやらないこと。たとえば、大声で誰かを叱るようになってほしいと思う親はいないと思いますが、親が感情的に子どもを叱れば、子どもはそれを吸収することがあります。また、身の回りの人ではありませんが、テレビドラマや映画の中にある人を傷つけるような残酷なシーンや、乱暴な言葉遣いは、決して子どもが目にすることがないように気をつけることも大切です。

教えることで子どもの行動を変えようとする前に、まず親が自分自身の行動を見直して変えていきましょう。親が変われば、子どもだって変わります。

大人にしないことは子どもにもしない（尊重する）

ひとりの人間として尊重する

大人も子どもも尊重されるべきひとりの人間なのに、わたしたちは大人には絶対にしないことを子どもにしてしまうことがあります。

たとえば、声をかけずに急に身体に触れること。おむつ替えやお口の周りを拭くことを、もし自分が急にされたらびっくりするし不快ですよね。身体に触れるときは「おむつを替えるよ」「お口を拭くね」と声をかけましょう。許可なく子どものものを触るのもよくありません。自分のカバンの中を勝手に見られるのは嫌なものです。「カバンの中、見ていい？」「片付けていい？」と声をかけて、子どもに確認をとりましょう。

また、これから行くところや、やることを説明することも大切です。どこで何をするのかも告げられず、連れて行かれるのは怖いものです。

0歳のときから意識する

子どもとの約束はきちんと守りましょう。「後で○○するね」「今度○○しよう」と約束したことを、子どもが忘れていそうだから「まあ、いいか」と実行しないままのことはありませんか？　すると、約束＝信じられない言葉になってしまいます。約束したら、ぜひ実行してください。

これらは、言葉がまだわからない0歳のときから意識しましょう。もちろん、時間に余裕がなくて子どもを尊重できないとき、どうしようもないときもあるでしょう。そういうときは、後でひと言お子さんに謝ってください。子どもと親の関係も、ひとりの人間とひとりの人間のかかわりだということを忘れずに。

>>036

やらせない、
やりたいを待つ

やりそうなものを環境に置く

「やりたいときにやりたいことをやる」ことが、子どもの心と体を育てます。逆に、やりたくないときに無理にやらせると、子どもは嫌になって、できたとしても満足感が得られず心が育ちません。

活動は子どもに合わせて用意することが大切ですが、子どもに合っていないものをすべて排除するのではなく、これからやりそうなものを子どもの見えるところに置いておくことも大事。すると、子どもが興味を持つ可能性がありますし、やりたい時期がきたことがわかります。子どもは常に成長し変化しています。

敏感期に合わせて環境を準備

3歳以降なら、そろそろ言語（書く・読む）の敏感期がくるので、目につくところに五十音表を貼っておくといいですね。環境の準備をしたら、子どもが興味を持つのを待ちましょう。無理やりやらせることは絶対にしません。

ダメなことのルールは伝える

注意したいのは、やりたいことはなんでもやらせるわけではないということ。よじ上りたい時期だからとテーブルに上るのを応援するのではなく、ここは食事をするところだからダメと伝えて、公園の固定遊具やおうちの階段などで「ここは上っていいよ」と、よじ上れる機会をたくさん作ってあげましょう。

やってほしくないことやルールはしっかりと繰り返し伝えていき、その上でお子さんのやりたい気持ちを満たせるようなものを用意してみてください。

先回りしない

子どもからの意思表示を待つ

わたしたちは、気を利かせて子どもの行動を予想し、手助けすることがあります。大人同士では気が利くのはいいことですが、子どもとかかわるときは気が利かないくらいがいいのです。なぜなら、子どもは自分でできるようになりたいからです。つまり、先回りは子どもが成長するチャンスを奪うことになります。

たとえば子どもが取ろうとしているおもちゃを取ってあげると、子どもの自発性や体を動かす機会、「できた!」を奪ってしまいます。牛乳を飲みたそうだからと牛乳を渡すのも、「牛乳を飲みたい」と話す機会を奪います。まずは子どもの言葉を待ち、もしまだお話しできないなら指差しなどの意思表示を待ちましょう。周りの人が全部やってくれるのが当たり前にならないようにしたいですね。

危険への注意力も育ちを待つ

失敗を防ぐことも同じです。「段差があるよ」という声かけは、子どもの注意力や観察力、慎重さの成長の妨げになります。子どもが自分で段差があることに気づき、注意し、慎重にその段差を越えるという経験が大切です。わたしたち親がすることは事前に段差があることを教えることではなく、段差で転んだときに危なくないように手を差し伸べることです。

こんなふうに、子どものためと思ってやっていたことが、実は子どもの成長の邪魔になってしまっていることがあるのです。子どもはなんでも自分でやりたい、できるようになりたいと思っているのですから、それを尊重してあげてください。

アメとムチは使わない

罰とご褒美はどちらも不要

いけないことをしたら罰を与え、いいことをしたらご褒美を与える。これはどちらも子どもの成長に必要のないことです。「罰があるからやらない」「ご褒美をもらえるからやる」のは、罰やご褒美に行動をコントロールされている状態。それらがなくても、自分の意思で行動を選ぶ力を育てることが大切なのです。

向上心や善意で心は満たされる

ご褒美を与えたい気持ちはわかりますが、子どもの心は「がんばってできた」「善意でやった」という気持ちだけで本来は満たされます。ご褒美をもらうことが目的の行動になるのはもったいないです。

もしいけないことをしても、叱られる恐怖で子どもをコントロールせず、子どもが自分で自分をコントロールできるようにかかわりましょう。ルールを明確にして、叱るのではなく冷静に繰り返し伝えることが大切です。

ほめすぎると向上心がなくなる

さらに、「すごい！　すごい！」などとオーバーリアクションでのほめ方にもご注意。「これがすごいんだ」と、ほめられたことばかりを繰り返すようになり、上手にできないことに挑戦しようとしなくなることがあるからです。

ほめるときは事実を言うだけで十分です。「ひとりで歩けたね」「自転車に乗れたね」「お父さんの絵を描けたね」など、喜びをもって表現すれば十分伝わります。すると、子どもは次の「できた」に挑戦していきます。

そっと見守る
（声をかけすぎない）

子どもの集中の邪魔をしないで

集中力は、やりたいことをやりたいと思ったときに思う存分やることで育ちますが、小さい子どもほど集中が途切れやすいので、邪魔しないように気をつけることが大切です。実は親が話しかけすぎて、集中の邪魔をしていることが多いのです。

たとえば、アリの行列を見ることに集中している子に「何を見てるの?」と話しかけたり、お絵かきに集中しているところに「上手だね!」と声をかけたりしていませんか?

子どもが集中している様子であれば、危険がないことを確認し、そっと見守るのが一番です。見守るときは、じっと見ると子どもが気にしてしまうので、見ていることを気づかれないように見守りましょう。

集中に満足すると落ち着く

親の喜びの声が子どもの集中を途切れさせることもあります。「できたね」と言うと、そこで活動が終わってしまいます。喜びはグッと我慢して見守りましょう。もしかしたら、その活動をまた繰り返すかもしれません。

集中力は「集中しなさい」と言って身につくものではありません。短時間でいいので集中する経験を繰り返し、少しずつ身につけていきます。そして、集中することで満足感を感じ、素直さや落ち着きも手に入れていきます。

なお、テレビは集中して見ているわけではなく、視覚や聴覚にたくさん刺激があるから釘づけになっているだけです。テレビは刺激に対して受け身の状態。集中とは能動的で自発的で情熱的なものです。

1日の流れがあると自立しやすい
（秩序）

同じルーティンを守る

赤ちゃんのころから、なるべくいつも同じルーティン（流れ）で過ごすようにしましょう。順番はなんでもかまいません。着替えてから朝食でも、朝食後に着替えでもどちらでもよく、どちらかに決めていつも同じ順序にすることが大切です。毎日、同じ流れで生活することで、子どもは次第に次に何をすればいいのか予測できるようになります。自分で考え、自分で行動できるようになり自立していくのです。

秩序が崩れると指示待ちに

逆に、毎日違う流れで生活していると次に何をすればいいのかわかりません。たとえば、一昨日は帰宅後まずお風呂だったけど、昨日はまず晩ごはんだったとしたら、今日はどっちかわからず、親の指示待ちになります。これではなかなか自立できません。

基本となる1日の流れを決める

毎日、完璧に同じにするのは難しいかもしれませんが、基本の流れを作り、できる限り繰り返しましょう。たとえば、起きる↓カーテンを開ける↓トイレに行く↓着替える↓朝食を食べる↓お出かけの準備をする↓ゴミ出しを手伝う↓出かける、など細かいところまでルーティン化します。お手伝いをルーティンに組み込むのもおすすめです。自然にお手伝いに参加できるようになります。

時間だけを基準にして管理するわけではありません。「起きたら、カーテンを開ける。着替えの前には、トイレに行く」のように、流れを優先して決めましょう。

ルールを首尾一貫させる

3つのルールから徹底する

モンテッソーリ教育は、自由と同じくらいルール（規律）も大切にしています。ルールを伝える上で大切なのは首尾一貫していること。そのときによったり、人によって変わったりするルールは子どもにとって理解しづらく、混乱させてしまいます。

ルールが首尾一貫していると、子どもは自分でルールを理解できるので「～しないんだよね」と自分から守るようになります。自律心が育つわけです。また、両親だけでなく祖父母など、子育てをしているみんなでルールを共有すると、育児に参加しやすくなります。情報共有は大切ですね！

ルールは突然あれもこれもと守らせるのではなく、最小限にして少しずつ守れるようにしましょう。

モンテッソーリ教育では絶対に守らなければいけないルールが3つあります。「自分を傷つけない」「他人を傷つけない」「ものを傷つけない」です。

これは大人になっても、どこの国でも守らなければいけないものです。

事前に伝えることで自制心を育む

「病院では静かにする」「電車の中では走らない」などのマナーは、大人には当たり前ですが、子どもにとっては当たり前ではありません。ですから、ルールは事前に伝えましょう。すると、自分でルールを守ろうとする自制心が育ち、ルールが守れたときに、「できた！」という達成感を子どもが感じることができます。

多様性を当たり前に

多様な人との出会いを

0〜6歳は生涯の「当たり前」が作られる時期です。この間に知ったもの、触れたものは当たり前になり、逆に触れていないものは特別なもの、珍しいものと感じるようになります。

だからこそ、いろいろな人々と接することで、多様性が当たり前になる＝すべての人々と偏見なく接することができるようになります。

〈いろいろな人々の例〉

- 自分とは違う人種や民族、様々な目の色、肌の色、髪質の人々
- 日本語以外の言葉を使う人々
- 自分とは違う文化や服装、食生活の人々
- 異なる宗教を信仰している人々
- 様々な障がいや病気、ケガを持つ人々
- 妊娠している人々

〈3歳以降はさらに視野を広げて〉

- 貧困や飢餓に苦しむ人々
- 教育を受けることができない子どもたち
- 紛争下に暮らす人々、移民や難民
- 様々な性的指向、性自認を持つ人々

絵本や図鑑で学ぶのもおすすめ

実際にそういった人々とかかわるのは難しいので、絵本や図鑑などで「みんな地球という同じ星に住む仲間なんだよ」と伝えましょう。

そして、わたしたちが子どもの前で偏見のある言葉を使わないことも大切です。「白人だから／黒人だから」「男のくせに」「女の子なんだから」などの表現は偏見を植えつけてしまいます。どんな人でも認め合える世界を作っていけるように、かかわっていきたいですね。

おうちモンテのコツは日常生活

日常生活を大切にする

モンテッソーリ教育では「日常生活の練習」という分野の活動があります。

●精神的な自立＝身の回りのことを自分ですべてできるようになると、自分は自立したひとりの人間なのだと自信を持ち、精神的にも自立していきます。

●動きの洗練＝子どもは「自分の操縦者」になりたいと思っています。日常生活には指先や体全体を動かすことがたくさんあり、子どもは自分の動きを洗練させていきます。

●観察力や注意力を育てる＝手元をよく見る、汚れを確認する、ていねいに作業するなど、日常生活には観察力と注意力を使う場面がたくさんあり、それらが自然に育ちます。

●自己抑制と知的な要素＝生活や家事には手順があり、目的を達成するために自己抑制します。また順序を理解することは論理的思考の芽生え、知性のはじまりです。

●社会性を育てる＝洗濯や掃除、料理などは誰かのためになり感謝されます。そして家族の一員としての自覚や、自分は役に立つ人間なのだという自信を育みます。

どんどん日常生活に参加させる

日常生活には、子どもが成長するための要素がたくさんあります。机でする指先の活動や、知的な個別活動では学べない心を育んでくれます。モンテッソーリ園でも日常生活の練習の活動はたくさん取り入れられ、大切にされています。日常生活の活動を多く取り入れることが、子どもを大きく変えてくれるポイントです。

数の敏感期

3歳　4歳　5歳　6歳

□ケンケンパ
□サッカー
□ボールをつく
□キャッチボール
□鉄棒
□うんてい
□ジャングルジム

□自転車
□キックボード
□竹馬
□なわとび
□フラフープ
□泳ぐ

□ぞうきんがけ
□掃除をする
□アイロンをかける
□お風呂掃除
□食器を洗う
□食卓の準備・片づけをする
□机や椅子を運ぶ
□お茶を注ぐ

□お弁当箱に食べ物をつめる
□身支度(カバンにハンカチや着替えを入れる)
□体温を測る
□料理をする(いろいろな道具を使う、計量する)
□縫う・編む
□劇あそび(P114参照)

□感覚を言語化する
□えんぴつを持つ
□文字の存在に気がつく
□文字の形の認識がはじまる（これ「まりこ」の「ま」だ）
□自分なりに文字を書いている

□自分なりに文字を読んでいる
□大人が文字をゆっくり書いて見せる
□大人が文字を読む姿を見せる
□滑らかな手首のコントロールができる

□ひらがながだいたい書ける
□手紙を書く
□日記を書く
□ひらがながだいたい読める
□子どもが読めそうな絵本を用意する

□1〜10まで数えられる
□数量としての数を理解している
□長さとしての数を理解している
□順番としての数を理解している
□数を聞いて、その分の数量を用意できる
□数字が読める
□数字を見て、その分の数量を用意できる

□数字が書ける
□10以上の数をどこまでも数えようとする
□たし算の概念がわかってきた
□ひき算の概念がわかってきた
□かけ算の概念がわかってきた
□わり算の概念がわかってきた

□音程のある楽器に触れる
□様々な画材に触れる(絵の具、墨、チョーク、色えんぴつなど)
□書道
□美術館に行くなどの芸術鑑賞

年齢別・やってみようリスト

- 運動の敏感期
- 感覚の敏感期
- 言語の敏感期
- 社会性の敏感期
- 秩序の敏感期

	0歳	1歳	2歳
運動	□モビールを見る □うつ伏せの練習をする □物を意識してつかむ □物を意識して落とす □手押し車を押して歩く	□物を持って歩く □坂道やでこぼこ道を歩く □階段を上る・下りる □遊具によじ上る □走る □跳ぶ □ぶら下がる	□平均台をわたる □片足で立つ □(両足で・片足で)ジャンプする □(下から・上から)ボールを投げる □ボールを蹴る □バランスバイクに乗る
日常	□日常生活を見せる □野菜・果物・花などの匂いを嗅ぐ □ 野菜・果物を触る □身の回りのものを紹介する □コップで飲む □手づかみで食べる □スプーンを持つ(食べようとする)	□ゴミをゴミ箱に入れる □カーテンを開ける □食器を片づける □(野菜などを)冷蔵庫に入れる □飲み物を注ぐ □みかんの皮をむく □野菜の水切り □バナナをバターナイフで切る □鏡を見て鼻や口を拭く □(ペットに)餌をあげる □植物に水をあげる □机や床を拭く	□ほうきではく □花瓶に花を生ける □トングでよそる □料理に参加する □食器を洗う □洗濯物を干す □鏡を見て服を正す □洗濯板で汚れ物を洗う □風呂場をブラシで洗う □トイレ掃除をする □洗車する □植物の種や苗を植える
言語	□口元を見せて話しかける □絵本を読んであげる □赤ちゃん言葉を使わない □声(喃語)を好きなだけ出させてあげる	□単語をはっきりと伝える(「り・ん・ご」「りんごだね」) □気持ちや要求を代弁する □たくさんの語彙を使って話しかける	□子どもの話に心と体を向ける □質問・疑問に応える(一緒に考える) □会話を楽しむ
数	□日常会話の中で積極的に数に触れる(お風呂から上がるときに10まで数える、階段の段数を数えながら上り下りする、体重や身長・体温などを日常的に測る、「今日はトマトが4個入っているね」「5時のチャイムが鳴ったら帰るよ」と声をかける　など)		
芸術	□音楽を聴く □歌を歌ってあげる □打楽器に触れる	□お絵描きをする □粘土 □歌う □踊る	□のりで貼る □ハサミで切る □(CDなど)音楽を自分でかける

・年齢は目安です。お子さんの様子を見ながら取り入れてみてください。
・年齢は「やりはじめてもいい時期」であって、完璧にできるようになる年齢ではありません。
・その年齢にこだわらず、年齢が過ぎた後もお子さんの興味に合えばやってみてください。
・このリストに書いていないことでも、子どもが「できた」と思えることはたくさんあります。ぜひご家庭とお子さんに合ったものを考えてみてください。

Column 1

家に教具は必要ないの？

モンテッソーリ教育といえば「専用の教具を使う」というイメージがあるかもしれませんが、ご自宅で教具を取り入れるのは難しいもの。教具によって扱い方が異なり、基本の使い方、発展した使い方、他の教具との使い方など、資格を持つ先生でも日々練習が必要なものも多いのです。

また、教具を用意してしまうと、どうしても子どもにやらせたくなるかもしれませんが、モンテッソーリ教育では、子どもがやりたい活動を自分で選びます。ですから、大人は教具を用意しても、それをやらせてはいけないのです。無理やりやらせてしまうと、それはモンテッソーリ教育ではありません。高価な教具を子どもがやらなかったり、1回だけで飽きてしまっても、子どもの「やりたい」を大切にしなければならないのです。

教具は大人にとっても魅力的ですが、敏感期に合わせてデザインされているので、ずっと使い続けるものでもありません。家庭でモンテッソーリ教育を取り入れるのなら、まずは日常生活で使える子どもサイズの道具を用意しましょう。（175ページ参照）小さくて安価ですし、日常生活はずっと続いていくものですから。

Chapter

3

0～2歳の子どもたちにはこう接しよう

特に乳児期の、
小さな子どもたちへのかかわり方です。
生まれてすぐの0歳のときから、
モンテッソーリ的な考えで接してあげると、
子どもの自立が身につきやすくなります。

安心を与える

「安心」は成長の土台になる

生まれてきたばかりの赤ちゃんは不安です。慣れ親しんだお母さんのお腹の中と外は、別世界。まずは「この世界はあなたにとって安心できる場所だよ」と伝えましょう。「安心」は成長の土台になり、次の挑戦へつながります。

泣いたら応える

安心を与えるために、泣いたら応えてあげましょう。赤ちゃんは泣くことで、「お腹がすいた」「おむつを替えてほしい」「暑い」「寒い」「眠い」など不快なことを伝えようとしています。

不快なことを解決してあげることで、赤ちゃんは「自分が泣いたら、お母さんやお父さん、誰かがなんとかしてくれるんだ」と、自分の生まれたこの世界に安心感をいだきます。さらに、「自分が泣けば周囲の人を動かすことができる」と自分自身の能力を信頼することにもつながり、大きな自信になります。大げさですが、世界を変えることができる！　自分はできる！　というふうに感じるのです。

無力感を感じさせない

赤ちゃんは泣くものだからと放っておくと、「どうせ自分が泣いても、誰も何もしてくれない……」と、お母さんやお父さん、さらにはこの世界を信頼できなくなり、無力感を感じ自分の能力を信頼できなくなってしまいます。

なんで泣いているかわからず、どうしたらいいかわからないときもあると思います。そんなときも放っておくのではなく、「どうしたの？」「なーに？」と、寄り添って、解決しようとする姿勢を見せることが大切です。

赤ちゃんに「自由」を

0歳

成長するには自由が必要

赤ちゃんが成長するには自由が必要です。自由があるから自分の力でたくさんのことを学びとります。0歳の赤ちゃんに与えられる自由の中でも特に重要な2つを紹介します。自由を奪っていないかチェックしてみてください。

①泣く自由・声を出す自由

赤ちゃんは泣くことや喃語《なんご》でコミュニケーションを取ろうとしています。喃語やキーッという大きな声は発声練習であり、話すための準備でもあります。なのに、うるさいからとおしゃぶりをさせてしまうことは、コミュニケーションを取るなと指示しているようなもの。言語発達の邪魔をしているということです。

赤ちゃんにとって泣くことや喃語を発することは自己表現。いつでも泣いていいよ、声を出していいよという心持ちで受け入れてください。

②動く自由

赤ちゃんは、はじめは自分の身体を思うように動かすことができません。自分の身体を動かす経験を繰り返して、思い通りに動かせるようになります。だから、発達に合わせて動く自由をお子さんに与えましょう。

起きているのにベビーベッドに寝かせ続けたり、日中ずっとベビーカーや抱っこひもでお出かけしたり、ずっとおくるみで手足を動かせないようにしたりしていませんか？　それらのグッズを使ってはいけないわけではありませんが、子どもが自由に身体を動かせる時間を、1日の中に作りましょう。そうすることが、子どもの身体、運動の発達を助けます。

授乳はお母さんとの触れ合い

0歳

授乳には2つの側面があります。ひとつは食事、もうひとつはお母さんとの触れ合いです。

食事としての授乳

授乳はお母さんがいれば、どこででもできてしまいますが、家の中では授乳する場所をきちんと決めましょう。決まった場所で授乳をすることは、赤ちゃんの安心につながります。授乳の場所に来るだけで、おっぱいが欲しくて泣いていた赤ちゃんも、安心して泣き止むようになります。「あ、この場所に来たから、おっぱいをもらえる」と予測することができるようになるのです。

また決まった場所で授乳をすることで、「食事をするのには決まった場所があるのだ」ということを、子どもは感じることができます。逆にあっちこっちで授乳することは、「どこで食事をしてもいい」と伝えているようなものです。

授乳の先には離乳食が待っているということも、意識しておきたいですね。

お母さんとの触れ合いとしての授乳

授乳は単なる栄養補給だけではありません。赤ちゃんが人生ではじめて人と触れ合う行為であり、愛情を感じる時間でもあります。完全ミルクだとしても、同様です。

なので、お母さんはただ栄養を与えているというだけでなく、人とのかかわり方を伝えていることも忘れないようにしてください。赤ちゃんというひとりの人間とのかかわりの時間です。なるべくテレビやスマホは消して、目を合わせたり、なでたり、話しかけたり……。たっぷり愛情を注ぎましょう。

離乳食で
食べる意欲を育てる

0歳

大人が食べている姿を見せる

授乳のみだった赤ちゃんに、いきなり「離乳食よ」と言ってもなかなか受け入れられないかもしれません。スムーズに移行するには授乳の時期から大人が食事をする姿を見せましょう。調理前の食材を見せるのもおすすめです。匂いや重さを感じたり、切った中身を見せたりして、食への興味を引き出すこともできます。

自分で食べる意欲を育てよう

親用のスプーンだけでなく、子ども用があると、子どもは自分の好きなタイミングで手に取ることができます。自分で使おうとしたら、食べさせるのはやめて、子どもを見守りましょう。

また、手づかみ食べは洋服や周りが汚れるから嫌だなと思うかもしれませんが、食べ物を口に運ぼうとして運べないトライアンドエラーを繰り返すことが、スプーンやお箸で食べることにつながります。いつも親が食べさせていると、子どもは食べ物は人が口に入れてくれるものと学びます。手づかみ食べは自分の身体をコントロールし、自分の力で食べる意欲を育てます。

コップ飲みも挑戦しよう

コップ飲みの練習は、子どもサイズのコップを用意してからはじめましょう。

①スプーンに少しの母乳をすくって、ゴックンと飲み込ませる

②コップに飲み物を入れ親が傾けて飲ませる

③子どもが自分でコップを持ちはじめたら見守る

ストローマグは便利ですが、雑に扱ってもこぼれず、飲み物を慎重に扱うことを学べません。こぼすことが子どもにとっての学びです。

トイレットラーニング

0歳

自ら学べる環境を作る

「トイレでの排泄は大人が子どもを訓練するものではなく、子どもが自ら学ぶもの」という考え方から、モンテッソーリ教育ではトイレットトレーニングではなく、「トイレットラーニング」と言います。子どもが自ら学べるよう環境を作ったり、かかわったりすることが大切です。

まずは「出ちゃった」から

トイレの自立のためには「出そう」という感覚がわかることが必要ですが、いきなり「出そう」はわかりません。まずは「出ちゃった」がわかり、次に「出てる」がわかり、そして「出そう」がわかるようになります。

「出ちゃった」という感覚を知るのに一番いいのが布おむつで、出ちゃったときに濡れて不快感を感じさせてくれます。一方、紙おむつは吸水性能がいいので、「出ちゃった」という感覚を感じづらいです。生まれたときから布おむつを使うことが、おすすめです。

「すっきりしたね！」

おむつを替えるときは、うんちが大量についていても「すっきりしたね」と肯定的な反応をしましょう。「うわ」「汚い」などの言葉や、嫌な表情をするのは、排泄は嫌なものと子どもに伝えているようなものです。子どもは、「おしっこした自分は汚い」、「うんちをした自分が嫌」と、排泄するたびに感じてしまいます。

排泄は誰もが毎日することで健康の証です。おしっこやうんちを肯定的にとらえることができると、子どもも前向きにトイレットラーニングをすることができます。

0歳の言語教育

口元を見せて、語りかける

赤ちゃんは、音だけでなく人の口元を見て言語を吸収しているので、口元を見せながら語りかけましょう。ひとりで話しているみたいで気恥ずかしいかもしれませんが、赤ちゃんが言語を吸収しているのを忘れないでください。何を語りかければいいかわからない方は、行動や思っていることを実況してください。「おむつを替えてるよ」「ご飯を作るよ」「雨が降ってるね」「お昼寝したね」など。語りかけが赤ちゃんの言語教育になります。

難しい言葉も使おう

0〜6歳は難しい言葉もどんどん吸収していきます。0歳から、たくさんの言葉を使ってお話ししましょう。わざわざ、わかりやすいように言い換える必要はありません。たとえば、「ガソリンを入れに行くよ」を「車にご飯をあげに行くよ」と言い換えると、「ガソリン」という言葉を吸収する機会がなくなります。意味はわからなくても、大きくなったときに「この言葉、聞いたことあるぞ」と思えればいいのです。大人が簡単な言葉しか使わないと、子どもの世界が広がりません。

赤ちゃん言葉は使わない

赤ちゃん言葉を使わないことも大切です。小さいころ「あんよ」と覚えたのに、大きくなって「あんよでなく足よ」と言われたら、子どもには理不尽な話ですし、2つの言い方を覚えるのは二度手間です。はじめから一般的に使われる言葉や正式名称を使うことで、スムーズに言語を習得することができます。

気持ちを代弁する

0歳

何かを伝えたいために泣く

赤ちゃんは何か不快なことがあると、それを伝えるために泣きます。言い方を変えると、何か伝えたいことがあるから泣くのです。なので、わたしたちはなぜ泣いているのかを想像して言葉にしてあげる＝代弁してあげましょう。

「おしっこ出たね」

「お腹すいたんだね」

「暑かったね」

このように言葉にすることで、赤ちゃんはそう言えばいいんだと吸収することができます。これが言語教育になるのですね。

代弁は1歳以降も大事

1、2歳くらいになっても子どもはよく泣きます。そのときに代弁することで、その感情を言葉でどうやって表現すればいいのかを伝えることができます。

「痛かったね」

「もっと遊びたかったね」

「自分でやりたかったのかな？」

わたしたちは何か嫌なことがあったときに、泣くのではなくその嫌なことを解決するために言葉で伝えます。子どもも自分の感情をコントロールし、自分の思いを言葉で表現ができるようになると、泣くのではなく徐々に話すという手段で伝えることができるようになります。

代弁することで落ち着く

代弁は子どもの気持ちを想像するので、自然と子どもの気持ちに寄り添うことができます。共感してもらえたと感じると、子どもは落ち着きます。そういう意味でも代弁はおすすめです。

歩行までの完全ガイド

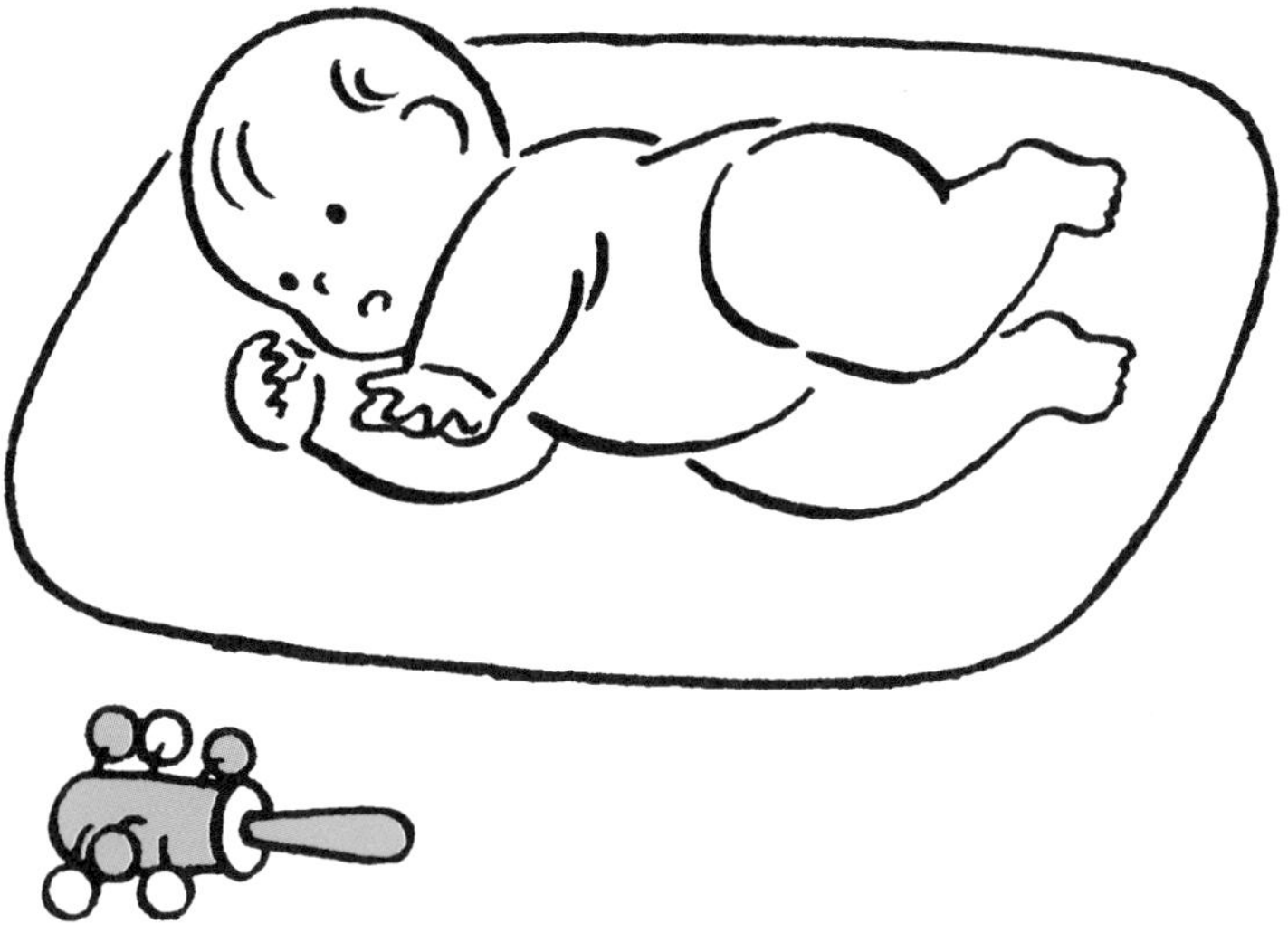

見る力を育てる

歩くための第一歩は、見る力を身につけることからはじまります。生まれたての赤ちゃんは視界がぼやけて、うまく「見る」ことができないので、モビールでピントを合わせて見る練習をします。見えることは身体を動かす原動力になり、「近くで見たい」などの衝動が生まれます。プレイマットのような硬めの環境にモビールを吊るしましょう（150ページ参照）。ベビーベッドのように柵で視界がさえぎられないので、モビール以外の物もよく見えます。

首がすわる

見ることができるようになると、目だけではなく首を動かして見はじめます。モビールはゆっくり動き、首の動きも促します。首を動かすことで首の筋肉が強くなり、首がすわっていきます。

うつ伏せの練習

首がすわってきたら、うつ伏せの練習を。うつ伏せにするときはプレイマットなどに寝かせ、必ずそばにいましょう。はじめは数秒から。嫌がったらすぐに元に戻し、少しずつ時間を増やします。赤ちゃんが目覚めていて機嫌がいいときにやり、寝ているときにはしません。

手足のバタバタ

手足の近くに、鈴やボールなど触りたくなるものを吊るしましょう。すると、自分の意思で手足を動かすようになります。ですから、おくるみなど子どもの動きの邪魔になるものは、モンテッソーリ教育ではおすすめしていません。

寝返り

うつ伏せの練習や手足をバタバタさせることで、腰まわりの筋肉が強くなり寝返りができるようになります。「見えるけど、寝返りしないと届かないところ」にお気に入りのおもちゃを置くと、おもちゃを手にするために寝返りしようとします。

ズリバイ

足も自分の意思で動かせるようになってきたら、「見えるけどズリバイしないと届かないところ」におもちゃを置きましょう。そのおもちゃを触りたくて一生懸命ズリバイをしようとします。最初は近いところから、だんだん距離を離していきましょう。やわらかいボール（転がりすぎないもの）などもおすすめです。

ハイハイ

ズリバイができるようになってきたら、マットと床の間の低い段差を乗り越えてみましょう。それができたらマットの段差を高くします。段差を乗り越えることで、両腕で上半身を持ち上げ、ハイハイに必要な両腕の筋肉を育みます。

ハイハイができるようになったら、たくさんハイハイできるようにしましょう。危なくないように家の中の環境を整え、好きなだけ家の中を探索してもらってください。

つかまり立ち

つかまり立ちにちょうどいい高さで、赤ちゃんがつかまっても動かないローテーブルやソファがあるといいですね。なければ、収納スツールに重いものを入れるのでもいいです。場所さえあれば、時期がくれば自然につかまり立ちをします。無理にさせる必要はありません。

つたい歩き

つたい歩きも、できる環境があれば自然にしはじめます。ソファやローテーブルなどを活用しましょう。なければ、公園などのベンチを活用してもいいですね。手押し車もおすすめです。軽いとひっくり返ってしまって危ないので、水を入れたペットボトルなどを重しにするといいでしょう。

ひとりで立って、歩く

つかまり立ちから手を離して立つ、座っている姿勢から立つ。どちらも自然と子どもが挑戦しはじめます。転んだときに危なくないように、そばで見守ってください。そして、いよいよ歩きます！　一歩踏み出したところで待ち構えてあげましょう。もしなかなか歩かなくても、あせる必要はありません。本人の気質にもよるので、周りの子と比べず、自分で育つ力を信じて見守りましょう。

日常生活を見せる

0歳

積極的に日常生活を見せる

0〜3歳は見たもの、経験したものを無意識に吸収する「無意識的吸収期」。日常生活、自立につながること、できるようになってほしいことは積極的に見せましょう。子どもがいない間に家事をしたり、子どもが寝てからご飯を食べたほうが楽ですが、子どもに見せていないとそれらの行動を吸収することができません。

知らないことは不安で嫌がる

たとえば、歯磨きを一度も見たことがないのに、急に歯ブラシが口の中に入ってきたとき、子どもは「何するんだ」と嫌がったり、不安になったりします。まだ歯が生えていないときから、歯磨きをするところを見せてください。まだ自分でやらなくても見せてあげることで、少しずつ自立に向かうようになります。

子どもに見せたい生活の例

□着替える
□トイレに行く
□使ったものを片づける
□ゴミを捨てる
□掃除をする
□靴を履く
□上着を着る
□靴を脱いでそろえる
□手を洗う
□うがいをする
□料理をする
□配膳をする
□自分でご飯を食べる
□口を拭く
□下膳をする
□食器洗い（食洗機、手洗い）
□洗濯をする（洗濯機、手洗い）
□洗濯物を干す
□お風呂に入る
□脱いだものを洗濯カゴに入れる
□身体・頭を洗う
□お風呂から出たら身体を拭く
□髪をとく
□歯磨きをする
□お風呂掃除
□鼻をかむ
□郵便受けをチェックする
□植物に水をやる
□窓を拭く
□洗車をする

いつもと同じがいい

1歳

「いつもと同じ」にこだわる時期

保育園に行くのはいつもと同じ道がいい、リモコンをいつもの場所に置いてほしい、お母さんがお父さんのコップを使っているのが嫌、身体を洗ってもらう順番が違う！　などと、子どもが怒ることがあります。「うちの子、どうしてこんなに頑固なの？」と思ったら、それは、秩序の敏感期かもしれません。「いつもと同じがいい」ということに非常にこだわる時期です。

いつもと同じは、生きるよりどころ

子どもはこの世界についてまだあまりよくわかっていません。そんな子どもにとって「秩序」＝「いつも同じで変わらないもの」は、生きる上で、よりどころになる安心できるものなのです。逆にいつもと違うと不安になり、泣いたり、不機嫌になったりします。

親からしたら、目的が達成できれば同じだろうと思うかもしれませんが、可能な限り子どもの秩序を大切にしてあげましょう。秩序があることで子どもは安心します。安心は子どもが成長する上で欠かせない要素のひとつです。

論理的思考の基礎になる

いつもと同じという秩序を大切にしてあげることで、このまま頑固になったらどうしようと不安に思うかもしれませんが、安心してください。3歳ごろから、自分の頭の中を整理し秩序を作れるようになると、目に見える頑固さはなくなっていきます。

秩序のある思考が身につくようになり、それは論理的思考力につながっていきます。

ただ歩くだけじゃつまらない

1歳

1歳は目で歩く

「1歳は目で歩く」といわれるほど目につくものに興味を持ち、歩いては止まりを繰り返します。ひとつのことに集中させるのではなく、興味に従って歩くことを楽しみましょう。

物を持って歩きたい

歩きはじめたばかりのころは、手でバランスを取りながら歩くという感じでしたが、歩行が安定してくると、両手で何かを持って歩くことができるようになります。

できるようになったことはやりたいと思うのが人間の性。危なくない範囲でぜひ物を持って歩くことをさせてください。はじめは小さなものや軽いものから、ゴミ捨てや下膳などを手伝ってもらってもいいですね。徐々に大きなものや重いものにも挑戦しましょう。

平らじゃないところを歩きたい

歩行が安定してきたら、でこぼこ道や坂道があるようなところにも連れて行ってください。バランス感覚を鍛えられます。階段の上り下りを何度も繰り返すかもしれません。そんなときも時間が許す限り付き合えるといいですね。子どもはなぜそんなことをするの？　と不思議に思うかもしれませんが、0～6歳の子どもは運動の敏感期にいます。自分の運動能力を高めたいという欲求が常にあるのです。

できるようになったことがあれば、それより少し困難なことにどんどん挑戦していきたいのです。そうすることで、子どもは身体を発達させていくことができ、「できた」を何回も感じ、心も満たされていきます。

外で遊ぼう お出かけしよう

1歳

とにかく体を動かしたい

1歳になり歩きはじめたら、積極的に外に遊びに行きましょう。「モンテッソーリ教育といえば、指先を使う活動」と思うかもしれませんが、1歳は「身体全体を使いたい！　動かしたい！」という衝動が特に強いもの。

身体全体を動かすことを満足にできていないと、落ち着きがなくなったり、集中できなくなったりします。ですから、満足するまで身体を動かせる時間を作りましょう。

自分の操縦者になりたい

子どもは「自分の操縦者になりたい」と思っています。そして自分の体をコントロールすることは、自分の心をコントロールし、落ち着きを手に入れることにつながります。

子どもの動き（発達）をよく観察して、ちょうどよさそうな動きや、ほんの少し難しそうな動きに挑戦させてあげましょう。身体と心をコントロールする機会を作るのです。

子どもにおすすめの動き（1～2歳）

片手で物を持って歩く	平均台をわたる	坂道、でこぼこ道を歩く
片足で立つ	両手で物を持って歩く	（鉄棒などに）ぶら下がる
重いものを持って歩く	飛び下りる	走る
（両足で・片足で）ジャンプする	（その場で）ぐるぐる回る	（下から、上から）ボールを投げる
階段を上る、下りる	ボールを蹴る	よじ上る
バランスバイクに乗る	（手をつかずに）くぐる	

最大限の努力を見守る

1歳

難しい挑戦をしたがる

1歳半くらいで歩行が安定してくると、どこでもよじ上ろうとしたり、重いものをなんとか持とうとしたりするようになります。親からしたら、そこはよじ上るところじゃないからやめてくれとか、危ないからダメ！　と思ってしまいますよね。なぜ、子どもはそんなことをするのでしょうか？

将来につながる力

子どもは、自分の持てる最大限の努力をしたいと思っています。1、2歳くらいの時期に、最大限の力を発揮する経験をたくさんできると、大人になっても自分の力を最大限発揮するという姿勢が自然と身についたまま成長することができます。大人になり、「なんかいまいち本気になれない」「一生懸命取り組めない」なんてことにならないわけです。

がんばる姿を見守る

子どもが最大限の努力をしようとしているときは、ぜひ見守ってください。とはいえ、どこでもよじ上られたり、とても重いものを持たれたりするのは困ります。なので、公園などよじ上っていい場所に連れて行ったり、中身の入ったペットボトルなど危なくないものを持たせたり、他人に迷惑がかからないよう、危なくないような工夫をしてみてください。

そして、お母さん、お父さんも最大限の努力をする姿を見せてあげてください。公園に行って全力で走る姿を見せるのもいいでしょう。大人は子どもの見本。全力を出すその姿勢を吸収していきます。

日常生活に参加してみよう

1歳

自由になった両手で作業する

歩行が安定してくると両手が使えるようになり、日常生活のいろんなことがどんどんできるようになります。

0歳のときは日常生活を見せてあげましたが、歩行が安定してきたら可能な限り子どもを日常生活に参加させましょう。

日常生活には育ちがいっぱい

日常生活を大切にするのがモンテッソーリ教育の特徴のひとつです。日常生活には指先を使う、体全体を使う、感覚を使う、知的な思考が必要などの場面があります。さらに自分でできたという経験は自信になり、自立に向かえます。中でもお手伝いはすばらしいもの。自分がやったことが誰かのためになり感謝されます。家族の一員としての自覚が芽生え、自分は誰かのためになれると自己肯定感を育てます。教具や手作り教材、おもちゃを用意するのではなく、まずは日常生活からはじめましょう。子どもサイズの道具が用意できると、日常生活に参加しやすくなります（174ページ参照）。

上手にできなくてもいい

ポイントは、ちゃんとできていなくてもいいということ。掃除ならほうきを持ってなんとなくはいていればいいのです。ゴミはここよ、よく見てと口出ししないようにしましょう。きれいにするという目的を持って掃除ができるのは3歳以降です。迷惑かもしれませんが、「参加」することが心を育ててくれます。あたたかく見守り、最後には「ありがとう」と伝えてください。

おもらしが学び

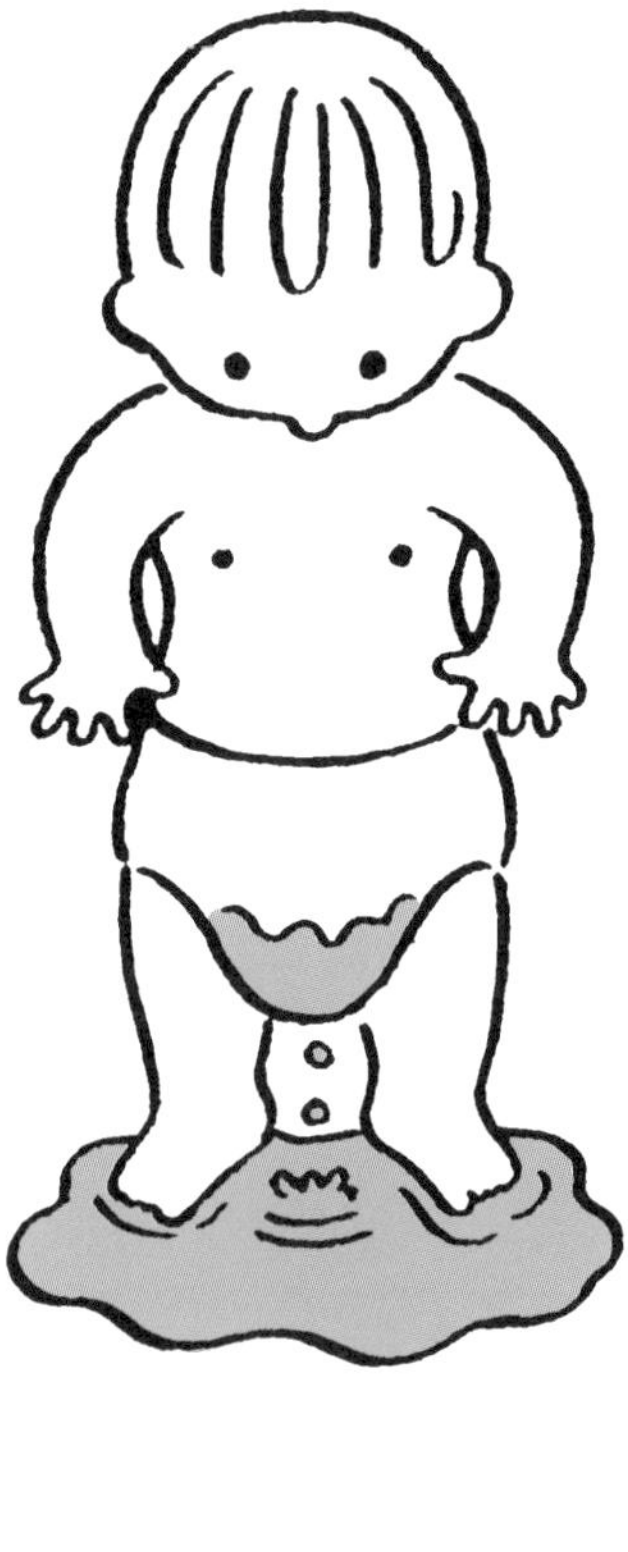

1歳

歩きはじめたらトイレへ

身体や心の発達を考えると、1歳の歩きはじめの時期から、おまるやトイレに座ることを増やしていくのがおすすめです。

2歳になると自我の芽生え（イヤイヤ期）があり、トイレに誘うのが難しくなります。

トイレットラーニングの進め方

子どもが自分で座れる、高さ10㎝くらいの低めのおまるを用意しましょう。補助便座であれば、踏み台を用意しましょう。

トイレに行くタイミングを決めて、1日1回座るところからはじめましょう。出すことではなく座ることが大事です。ご飯の後や外から帰ってきた後などがオススメです。

「ご飯食べ終わったね。次はトイレだよ」とトイレまで連れては行きますが、大人が無理やり座らせるのではなく、子どもが自分で座りはじめるのを待ちましょう。

慣れてきたら徐々に座る回数を増やしていきます。大人の排泄の姿を見せてあげることも、子どもの学びになります。

おもらししても「できた」

子どもの手の届くところに①着替えを置く、②おもらしして濡れた服を入れるバケツを用意する、③おもらしを拭くぞうきんを用意する。こうすると、おもらしをしても自分で後処理ができるので、トイレが「自分でできた」を感じられる場所になります。

おもらしは失敗ではなく、学びの途中です。おだやかに見守ってあげましょう。

離乳食が終わっても食べることは続く

1歳

食べる力はまだ成長過程

1歳半くらいで離乳食が完了しますが、そこで食べることの成長が終わるわけではありません。引き続き薄味を大切にした幼児食にして、子どもの成長に合わせて食材の大きさや、硬さを調整しましょう。

のどにつまらせることがないように気をつける必要はありますが、材料を小さく切ったり、やわらかくなるまで煮込んだり、離乳食のときのように、常に食べやすいようにする必要はありません。いつまでも、やわらかくて食べやすいものばかりだと、子どもの食べる力が育ちません。

硬い食材にもチャレンジ

子どもは、自分でも噛むという能力を伸ばしたいのです。食材をちょっと大きめに切ったり、いつもよりゆで時間を短くしてみたり、あえて硬い食材に挑戦させてみてください。子どもでも、あたりめや骨つき肉、硬い乾物などが食べられるようになりますよ。

噛む力を存分に発揮させる

1、2歳くらいで何かを噛む姿が見られるようだったら、歯が生えてくることでかゆいということも考えられますが、もしかすると噛む力を持て余しているのかもしれません。食事でたくさん噛む経験をさせてあげられるといいですね。それでもまだ何か噛みたそうにしていたら、「これなら噛んでもいいよ」と、赤ちゃんのときに使っていた歯がためを子どもにすすめましょう。

「まだ2歳」を忘れずに

2歳

理性的な行動はまだ練習中

0、1歳は小さいから自分のことができなくても仕方ないと思っていたかもしれませんが、2歳になると自分でできることも増えます。すると、大人の言うことが聞けないときや自分でやらないときに「できるのに、なんでやらないの」と、大人はイライラしてしまいがちです。

ですが、まだ2歳ということを忘れないでください。一度自分でできたからといって、ずっと自分でできるわけではありません。今何をすべきかを考えて理性的に行動することや、自己抑制することは、まだまだ練習中の段階です。

できるときとできないときを繰り返しながら、徐々にできるときが増えていきます。

できるはずのことをやらないときは、「いつもがんばっているね」「やる気が出ないときもあるよね」「一緒にやる？」などと寄り添い、一緒にやったり、時にはやってあげたりしましょう。

ひとりでできるようになってほしいとの思いから、「なんでできないの？」「いつもできてるじゃない」などと、過度に突き放さないであげてください。

甘えたいときもまだある

まだ2歳、甘えたいときもたくさんあります。そういうときはたっぷり甘えさせてあげたほうが、心が満たされて、その後に自然と自立へ向かっていきます。ちなみにそれは3〜6歳になっても同じです。

大人でも誰かに甘えたいときは、受け止めてもらえると、心が満たされてまたがんばれるものですよね。

ごっこ遊びを本物でやってみる

2歳

ごっこ遊びをする理由

2歳以降になると、ごっこ遊びやおままごとなどの遊びが増え、今まで見たり聞いたりしたことから興味のあることを再現しはじめます。料理のおままごとなら、料理のときにしかしない動きや言葉を使うことで、様々な動きや言語を自分のものにしようとしています。

おままごとでなく本物の体験を

モンテッソーリ教育では、おままごとではなく〝本当の体験〟を大切にしています。たとえば、おもちゃの包丁で木でできた野菜を半分に切るものがありますが、パカッと割れておもしろいですよね。

モンテッソーリ教育では、実際に食べ物を切ります。2歳くらいならバターナイフでバナナを切ることができます。切る前に皮をむき、どのくらいの大きさに切るか考え、バターナイフで刃物の取り扱いを学びます。何より、実際に食べられるのはうれしくて達成感があり、これらはおままごとでは経験できないことです。

〝本当〟の体験は、ただ楽しいだけでなく、指先を育て、観察力、注意力、自己コントロール力、自立心なども身につけることができます。

できることを考える

もしお子さんがおままごとやごっこ遊びをしていたら、それをヒントに、どうしたら実際にやらせてあげられるかを考えてみてください。

一緒に料理をする、宅配便の対応（ハンコを押す）、スーパーでの買い物、レジでのお金の受け渡し、洗濯、掃除、食器洗い、洗車など、できそうなことからはじめてみてください。

繰り返しで成長していく

2歳

なんでも繰り返して練習中

子どもは、大人から見ると理解不能なことを繰り返すことがあります。洋服を着たと思ったら脱いでまた着る。手洗いをしたと思ったらまた洗い続ける。階段を上ったと思ったらまた下りて上るなど。大人は時間がもったいない、もっと効率よくしてほしいと思うかもしれません。

しかし、子どもは繰り返すことで練習しているのです。大人も新しくできるようになったことは繰り返し練習したいですが、それと同じです。

成長したいという内なる衝動

子どもは「練習しよう」と思って繰り返しているのではありません。「自分の動きを洗練させたい」という内なる衝動が、そうさせているのです。ですから「後でやろう」「今度やろう」は無理。今、やりたいのです。

時間が許せば、ぜひ子どもの繰り返したい気持ちを優先させてください。繰り返しは集中力も養います。子どもはやりたいことをやるときに集中します。それを繰り返すことで集中がどんどん長くなり、それが集中力になります。

子どもが何かを繰り返しやっていたら、大きなケガや事故にならない限りは「それが楽しいのね」と見守ってあげるようにしましょう。

後からでも実現させる

とはいえ、時間に余裕がないときや人の邪魔になるからできないときもあると思います。そんなときはやめさせることになりますが、子どものやりたい気持ちを受け止めましょう。そして、時間に余裕があるときに、思う存分繰り返せる場所へ連れて行ったりしましょう。

「黙って」って言わないで

2歳

お話ししていても大丈夫

2歳前後になると話し言葉の爆発といって、とにかく話したいという時期がやってきます。1歳のときは静かに集中して活動していたのに、最近はずっと話してばかりで「まったく集中してないのでは？」と感じるかもしれませんが、それでいいのです。「静かに集中して！」なんて言わないでください。

会話することを大切に

2歳は話し言葉の敏感期です。静かに活動するよりも、1対1の会話の時間を大切にしましょう。会話から物事への理解が深まり、自分の思いや考えを表現しようとする言語力を育み、人とのかかわりで大切なコミュニケーション能力も身につけていきます。

ここはぜひ、「どんどんあなたの言葉を聞かせて！」という姿勢を持ちましょう。子どもから話しかけられたら、大人はできるだけ今やっていることの手を止めてください。子どもが話していることに耳だけでなく、目も体も向けてあげることで、子どもは「自分の言葉には価値がある」と思いはじめます。

それは話すことの自信になり、自己表現する積極性にもなり、自己肯定感も高まります。

質問を工夫して会話を広げる

子どもの「何？」「なんで？」に答えたり、大人からも質問したりしてみましょう。質問は「はい」「いいえ」が答えにならないもの、「どこに行くんだろうね、何をしているのかな？」など質問をしながら会話ができると、最高の言語教育になります。

イヤイヤ期は自己肯定期

2歳

成長に欠かせない時期

イヤイヤ期は親が言うことに対して、なんでも「イヤ！」となってしまい、親にとっては大変な時期です。なぜイヤイヤ期なんてものがあるのでしょうか。イヤイヤは「自我の芽生え」。大人にとってはやっかいですが、子どもにとっては成長に欠かせない時期なのです。

自我が芽生え、自分の意思を強く持つようになった子どもは、親が決めたことではなく自分が決めたことを自分でやりたいのです。そして、自分で決めたことを自分でやることで、「自分でできた！」「ぼく（わたし）はできる存在なんだ！」と、自己肯定をしていきます。

大人にとってはイヤイヤ期かもしれませんが、子どもにとっては自己肯定期。イヤイヤは反抗しようとしているのではなく、自己肯定しようとしているのです。

芽生えたばかりの自立心を見守る

イヤイヤ期には、なんでも自分でやりたがる姿が見られるようになります。すばらしい自立心ですが、親目線では、「まだできない」「危ない」と、止めてしまう方が多いのではないでしょうか。それはとてももったいないことで、せっかくの子どもの心が育つ機会を、奪ってしまっています。

親がするべきは、止めることではなく、どうやったら子どもができるか考えて環境を整えたり、失敗したときに危険がないよう近くで見守ったりすることです。イヤイヤ期は可能な限りお子さんの意思を尊重し、どうすれば尊重することができるのかを考え、お子さんの気持ちや意思に寄り添ってください。

やる前提の声かけ

2歳

やらなくてはいけないことは導く

イヤイヤ期は、子どもの自我が強く出てきて、親の意見を聞き入れてくれないことが多くなります。それが、やらなくてはならないこと（お風呂や手洗い、トイレなど）を拒否するようになると困りますよね。

子どもの意思を尊重することは大事ですが、やらなくてはいけないことに関しては、子どもを導くことも大事です。そんなときは次の2つの「やる前提の声かけ」をしてみてください。

①「○○するよ」と声をかける

たとえばトイレに誘いたいときは「トイレ行く？」ではなく、「トイレに行くよ」「ご飯を食べたから、トイレ行かなきゃ」など、意思を聞くのではなく、あたかもトイレに行くことが当たり前のような声かけをしてみてください。

②2択の中から選ぶ

2択で誘う方法もあります。たとえば公園から帰りたいとき、「お父さんと手をつないで帰る？　お母さんと手をつないで帰る？」「右手つないで帰る？　左手つないで帰る？」「走って帰る？　歩いて帰る？」など、どちらを選んでも帰ることになる2択を考えてみてください。

どんな2択かでも子どもの反応は変わってきますので、子どもにとって魅力的な2択を考えてみてください。

これらのやる前提の声かけは、もちろんいつもうまくいくというわけではありません。ですが、単純に「○○する？」と意思を聞くよりは、聞き入れてくれることが多いので、まずは試してみてくださいね。

わがままじゃなくて
秩序

2歳

2歳は秩序感が強い年齢

私たち人間には秩序感というものがあります。

いつも同じが安心するというものです。

「いつも同じ人にやってほしい」

「いつも同じ場所に置いてほしい」

「いつも同じ順番でやってほしい」

「いつも同じやり方でやってほしい」

など、秩序感の現れ方は様々です。1歳に続き（26ページ参照）、2歳もこの秩序感が強い時期です。大人は何か変わったことがあってもすぐに受け入れられます。今まで生きてきた経験から、変わる可能性があるのがわかるからです。

でも、子どもにはまだその経験がないので、

「いつもお父さんと帰るのに今日はお母さんと」

「パンツがいつもと違う場所にしまってある」

「いつもは頭からなのに先に身体を洗われた」

「駅までの道順がいつもと違う」

「お母さんのお箸をお父さんが使っている」

など、いつもと同じじゃないことが起こると不安になり、困惑し、泣きわめきます。

性格でなく発達過程で起こること

親はそんな子どもを見て、「わがままだな」「こだわりが強いな」「融通が利かないな」と思ってしまうかもしれません。

しかし、これはその子の性格ではなく、発達途中だから起こっていることです。可能な限り受け入れていつもと同じようにしてあげましょう。受け入れたからといってわがままな子になる、というようなことはありません。

いつもと同じにするのが無理な場合には、いつもと同じがいいという気持ちを受け止めつつも、根気強く見守りましょう。

子どもの言いなりにならない

2歳

やってほしくないことはNOと言う

子どもの意思を尊重することは子どもの言いなりになることではありません。時にはどんなにお子さんがイヤと言っても、子どもが健全に成長できるように導くことが大切です。

たとえば、お子さんが赤信号なのに横断歩道を渡りたがったら、どんなにお子さんが泣いても「ダメ」と、お子さんを止めますよね。

でも、甘いお菓子を欲しがって泣かれたら、「じゃあ、今日だけね」と、食べさせてしまうことがあるかもしれません。すると子どもは「泣けばもらえる」と学んでしまいます。イヤイヤ期の子どもは自分の意思をどの程度通すことができるのか確認しているのです。

一度許すと次に「ダメ」と言っても「もっと泣いて訴えてみよう」となり、イヤイヤがエスカレートします。やってほしくないことは、例外なくいつも一貫して「NO」と伝えましょう。

ダメだけど寄り添う

では、どう伝えたらいいのでしょう？　できないことに加えて、〝なぜ〟できないのかを簡潔に伝えます。叱りつけることで、言うことを聞かせることはしません。たとえば、甘いお菓子なら「食べられないよ」と伝えるだけでなく、「ご飯の前だから食べられないよ」など、子どもが納得できる理由を伝えましょう。

それでも子どもは泣くかもしれません。ですが、それは気持ちをコントロールできていないだけで、してはいけない理由は伝わっています。大切なのは、理由を伝え、その場限りではなく、今後は子どもが自分で考えて判断できるようにすることです。

Column❷

「紹介する」とは?

本書では、子どもに「教える」ではなく、「紹介する」という表現を使っています。「活動を紹介」「道具の使い方を紹介」「物の名前を紹介」などです。大人にとって当たり前の物や道具も、子どもにとっては新鮮。まるで、わたしたちが火星人の暮らしや道具を見たりする感じかもしれません。だから、おしみなく日常のすべてを紹介しましょう。

「紹介する」には違和感があるかもしれませんが、ここにもモンテッソーリ教育の考えが現れています。ようは、最終的にその活動をするのか、その道具を使うかを決めるのは子どもだということ。大人ができるのは紹介まで。極端な話、紹介を最後まで聞くかどうかも、子どもの自由です。紹介の仕方にはポイントがあります。

《物の紹介》

①正式名称を伝える…「これはトマト」

②そのものについて話す「真っ赤だね」「おいしいんだよ」「触ってみる?」

《使い方の紹介》

①正式名称を伝える…「これはぞうきん」

②使い方を伝え、やって見せる…「床を拭くために使うよ」(拭いて見せる)

③子どもを誘う…「やってみる?」「これでやっていいよ」

Chapter

4

3〜6歳の子どもたちにはこう接しよう

3歳以降は子どもを〝手放す〟時期。
なんでも自分でもできるよう、
あまりかまいすぎることなく
上手に接してください。

かかわり方
子どもを手放す

3〜6歳

見守りながら手助けを減らす

親はお子さんを「まだできない」と過小評価しがちです。ですが、3歳にもなれば、自分でできることがかなり増えてきているはずです。見守りながら、声かけや手助けをどんどん減らしていきましょう。

指示するのをやめて待つ

たとえば、お子さんが水をこぼしたとき、どうするのか少し様子を見ましょう。子どもの手の届くところにぞうきんがあれば、自分でそれを持ってきて、拭きはじめるかもしれません。

もしくは、お母さんのところに来て「どうしよう?」と、助けを求めてくるかもしれません。それも、自分でどうにかしたいと思っているのですから、すばらしいですね。そんなときは、快くどうしたらいいか教えましょう。

他にも「トイレに行きなさい」という声かけをやめる、お出かけの準備を見守る、「次に何をしたらいいんだっけ?」と聞いてみるなど、試しに子どもを手放してみましょう。

放置ではなくあたたかく見守る

注意点としては、手放すといっても、放置するのではないということです。危険がないように見守り、お子さんが助けを求めてきたときはすぐに手助けができるように近くにいることが必要です。

また、「好きにして」「自分でやりなさい」など冷たく突き放すと、余計自立が遅れます。自立に向かっていけるようあたたかく見守りましょう。できないと思っていたことが意外とできるかもしれませんよ。

かかわり方
気持ちを引き出す
「どうしたい?」

3~6歳

子どもの気持ちを引き出す質問

3歳ごろから、自分がどうしたいのかお子さんの意思や考え、気持ちを引き出すようなかかわりを意識してみてください。

「痛かったね。絆創膏貼ろうか」ではなく
「大丈夫？　どうしたい？」
「動物園で、ゾウさん見ようね」ではなく
「動物園行ったら何から見たい？」
そして、子どもがどうしたいのかを聞いたら、それを実現させましょう。

お友達を泣かせてしまったら、
「泣いちゃったよ。ごめんね」ではなく
「泣いちゃったね。どうしようか？」
と、子どもが自分で考えて人間関係を学べるように仲介しましょう。

自分の意思や考えなどを言葉にすると、子どもは自分の気持ちや意思がわかります。すると、自分で考え行動できるようになります。

もし的外れな答えが返ってくる場合は、2択の質問で導きましょう。（101ページ参照）

感情コントロールにつながる

自分の気持ちがわからないと、もやもやしたりイライラしたりします。自分の気持ちを言葉にできると、大人でも落ち着けることがありますよね。子どもも同じです。

子どもが自分の気持ちや考えを話せるように、3歳以降は聞き役になりましょう。
「どう思う？」
「どうしたい？」
「どうするのがいいと思う？」
などと、子どもが気持ちを言葉にするお手伝いをしましょう。

かかわり方
知的欲求に応える

3~6歳

知識のタネをまいておく

3～6歳になると、「もっと知りたい」という知的欲求が増します。「まだ早い」「子どもだからわからない」と思わず、子どもの意識が向いていることについて知識を紹介しましょう。

「こんなところにお花が咲いているよ」
↓「本当だ！ 見て、この小さな糸みたいなのが雄しべ。真ん中が雌しべというのよ」
「アリの行列がいるよ！」
↓「足が6本ある虫は昆虫っていうの。アリは昆虫なのかなぁ？ 数えてみようか」
「おばあちゃんがいる鎌倉に行くんだよね」
↓「そう、鎌倉は神奈川県にあるの。ここよ」

などと、日本地図や図鑑を見て説明し、これから学校で学ぶ知識のタネをたくさんまいてあげましょう。

知識に触れる体験だけでいい

知識はただ紹介するだけでOKです。お勉強ではないので、覚えさせる必要はありません。不思議なことに日常の中で学ぶことは楽しいけれど、丸暗記のお勉強は楽しくありません。

しかし、小さいうちにこのような知識に触れる体験をしていると、大きくなって学校で学んだときに「聞いたことある！」「なんか知っている」と楽しく学ぶきっかけになります。

わからないことは調べられる

また、不確かなものは、図書館に行き一緒に調べるのがおすすめです。世の中にはたくさんの知識があり、わからないことは恥ずかしくない、調べればいいと伝えましょう。新しいことを知る喜びを子どもが感じられるといいですね。

かかわり方
ルールを
知りたい・守りたい

3~6歳

ルールを知ったら守りたい

社会性の敏感期の中でも3〜6歳は、他人を傷つけない、環境を傷つけない、自分を傷つけないという基本の3つのルール以外のルールやマナーも、積極的に伝えていきましょう。

「図書館では小さい声で話すよ」「電車は降りる人が先」など、その時々ではどうふるまうと良いのかを事前に伝えます。もちろん、まだできなくても仕方ありません。大人はルールやマナーをしっかり守り、見本になりましょう。

礼儀作法も学びたい

礼儀作法も伝えましょう。「ありがとう」「ごめんなさい」「失礼します」「お先にどうぞ」などの言葉や、お辞儀をしたり、両手でものを渡したり、椅子を机の中にしまうという作法もあります。

劇遊びなどをすると、楽しく礼儀作法を覚えることができます。

「誰かにどいてほしいとき、邪魔！と言うと、言われた人は嫌な気持ちになるね。そんなときは、失礼しますと言うといいのよ。やってみるから、引き出しの前にいてね」

（「失礼します」といって引き出しを開ける）

「どう？邪魔！とどっちがいい？」

「じゃあ今度はお母さんがいるから、〇〇くんも『失礼します』って言ってみて」

（子どももやる）

「できたね。いつでも使ってみてね」

紹介した礼儀作法は、日常生活の中でも積極的に大人がその言葉を使いましょう。家族にも伝えてみんなで積極的に使えると、その言葉を使うのが楽しくなって身についていきます。

日常生活
身辺自立は心の自立

3~6歳

自分のことを自分でやる

モンテッソーリ教育では食事や衣服の着脱、排泄はもちろんですが、他にも大切にしている「身辺自立（自分のことを自分でできる状態）」があります。

●自分の持ち物の管理

登園用の荷物を用意したり、園でもらった手紙を出したり、荷物を持ったり自分で管理する意識を育てることが大切。子どもが自分で管理することで、自立した心が育まれます。

●鼻をかむ、口を拭く

鼻水が出ていたり、口の周りが汚れていたら、こうやって拭くよと見本を見せたり、「鏡を見ておいで」と声をかけたり、自分で拭けるようにかかわりましょう。

●靴を洗う

子どもサイズのたわしを用意し、上履きや外履きを楽しみながら親子で洗いましょう。責任感や自己管理能力を育みます。汚れが残っていたら子どもが見ていないときに仕上げをします。

●お弁当箱や食器を洗う

自分が使ったお弁当箱や食器を自分で洗ってみましょう。専用のスポンジがあるといいですね。洗えたかな？　と観察力が養われます。

●身支度の環境

洋服だけでなく帽子や上着、靴下、ハンカチを子どもの手の届くところに置き、自分で管理できる環境を作りましょう。（169ページ参照）

自分のことを自分でできるのは大きな自信になり、自己肯定感を育み、責任感や注意力も育ちます。慣れれば自分でサッとできるようになり、親も楽になります。

>>118

日常生活
クッキングは最高の活動

3〜6歳

成長に必要な要素がいっぱい

夕食の支度時、子どもにはテレビを見せておき、料理は大人がすべてやる、というのはもったいないです。

料理には、指先を使う・道具の使い方を知る・五感を使う・手順を理解する・家族のためになるなど、成長に必要なすべての要素がつまっているといっても過言ではありません。ぜひ、お子さんと一緒に料理をしましょう。とはいえ、小さいお子さんが全部やるのは難しいので、できるところからはじめてみましょう。

クッキングの例

野菜を洗う／野菜の水切り／葉野菜をちぎる／ヘタを取る／米を研ぐ／卵を割る／ゆで卵の殻をむく／泡立て器で卵を混ぜる／調味料をかける／食材を鍋に入れる／生地をこねる／肉や魚に小麦粉をまぶす／バターナイフでバナナを切る／テーブルナイフできゅうりを切る／しゃもじでご飯をよそう／おたまでスープをよそう／トングでサラダをよそう……など、少しでもお子さんが料理に参加できそうな作業を考えてみてください。一緒にスーパーへ買い物に行くのもおすすめです。

料理に参加しやすい環境

料理のお手伝いは踏み台やラーニングタワー（178ページ参照）を用意してキッチンでやってもいいですし、ダイニングテーブルでもかまいません。包丁や火を使うときは十分気をつけてください。また、子どもサイズのお料理道具があると、子どもも作業しやすく、できた！と感じやすいです（175ページ参照）。

運動
運動するから落ち着く

身体全体を動かしたい欲求が強い

習い事などで、お子さんがじっと座ってお話が聞けないこともあるでしょう。それもそのはず、6歳までは運動の敏感期で、身体全体を動かしたいという欲求が強いからです。

座ってお話が聞けるようになるには、まず身体を動かしましょう。真逆なようですが、身体を思い通りに動かすこととじっとしていることは、自分の身体をコントロールするという意味で、どちらも自己コントロール力が必要です。

つまり、たくさん身体をコントロールする運動の機会を作ることが、身体を動かすのを止めて話を聞くことにつながるのです。

多様な動きにチャレンジ

3～6歳は、身体のコントロール力を今まで以上に高めていきたい時期です。歩く、走るに加えて、鉄棒などの遊具、ボールを使ったスポーツ、なわとびなどの道具など、お子さんの興味に合わせて様々な動きを紹介しましょう。

ひとつできるようになったら、また新しい動きを紹介することで、子どもはどんどん自己コントロールができるようになります。

●屋外での運動のコントロール

ケンケンパ、サッカー、ボールをつく、キャッチボール、鉄棒、うんてい、ジャングルジム、自転車、キックボード、竹馬、なわとび、フラフープ　など

●屋内での運動のコントロール

ぞうきんがけ、掃除機をかける、洗濯板で洗濯、お風呂掃除、食器を洗う、食器を運ぶ、机や椅子を運ぶ、お茶を注ぐ　など

感覚
感覚を洗練する

3〜6歳

五感を使う感覚教育が大切

感覚を研ぎ澄ませることは、生きる力を身につけることにつながります。私たちは相手の表情を読み取り（視覚）、声色から察する（聴覚）ことで空気を読むことができます。他にも嗅覚で食べ物が腐っていないか判断し、触覚でお風呂の熱さを確かめ、味覚で食事が楽しくなるなど無意識のうちに感覚に生かされています。

感覚教育とは感覚を言語化すること

3〜6歳では、今までため込んできた感覚を言葉にして頭の中で整理していきます。言語化することで感覚が豊かになります。また感覚を言葉にすることは自己表現にもつながります。

あまり使っていない表現があったら、子どもの前で積極的に使ってみてください。

- **味覚**…甘い、苦い、しょっぱい、辛い、酸っぱい
- **嗅覚**…甘い香り、おいしそうな香り、ドブの臭い、腐った臭い、汗臭い
- **聴覚**…大きい音、小さい音、心地いい音、耳障りな音、高い音、低い音
- **触覚**…熱い、冷たい、硬い、やわらかい、ざらざら、すべすべ、つるつる、ごわごわ、ぬるぬる
- **視覚**…大きい、小さい、太い、細い、長い、短い、丸い、四角い、赤い、黒い

表現の幅を広げる声かけを

「どんな味？」「何か匂いがするね」など、感覚を表現する言葉を子どもから引き出しましょう。「甘じょっぱい」「雨の匂いがする」など複雑な表現も大人はどんどん使いましょう。大人が感覚をフルに使って表現することで、子どもも自分の感性を言葉で表現しはじめます。

言語
えんぴつを持つ手を育てる

3~6歳

手を使うと脳が活性化する

手は第二の脳といわれるほどで、手を使うことは子どもの脳を活性化してくれます。また、手を自在に使えることで、子どもは自立に向かうことができます。ボタンをとめる、靴ひもを結ぶ、歯を磨く、お箸で食べるなど、「自分でできる」ことが子どもの心を育てます。

えんぴつを持つ手を育てよう

小さいうちから手をたくさん使っていると、指先の力がつき、文字を書きたくなったとき（文字を書く敏感期）に、自然とえんぴつを持てるようになります。逆に指先をあまり使っていないと、文字を書きたいのに、えんぴつがなかなか持てません。

まずは手を使う機会をたくさん用意しましょう。手を使う機会は日常の中にあふれています。ヨーグルトのふたやお菓子の袋を大人が開けてあげていませんか？　そうやって手を使うチャンスを大人が奪っているかもしれません。牛乳パックを開けたり、ゴミ袋をしばったり、料理をしたり、生活に参加して指先の力を発達させましょう！

その他の指先を使う活動

- 折り紙
- ビーズにひもを通す
- 編み物
- ハサミで紙を切る
- のりで紙を貼り合わせる
- パズルや積み木、ブロックで遊ぶ
- 粘土で何かを作る
- お絵描き

言語
いきなり文字は書けない

3~6歳

えんぴつを持てるようになったら、たくさんの線を描いてみましょう。(128〜129ページ参照)。

マルを描くことで、滑らかに手首を使えるようになり、それがひらがなを書くための練習になります。「ひらがなを書きたい」とお子さんが思ったときに、滑らかに手首が使えないと、ひらがなを書きたい気持ちはあるのに思うように書けず、嫌になってしまうかもしれません。それは、すごくもったいないことです。お絵描きをしながら、ひらがなを書くための手首を育てましょう。

お絵描きで手首を育てよう

親と一緒に楽しみながら描いてみましょう。いろいろな大きさのマル、うずまき、らせん、波線、ギザギザなど、ひらがなを書くために必要ないろいろな線を描いて、手首をコントロールする経験を重ねられるといいですね。

えんぴつで型取りしよう

コップやリモコンなど、おうちにあるいろいろなものを紙の上に置いて、えんぴつでなぞってみましょう。いろいろな形が描けるので、子どもはおもしろがってやってくれると思います。楽しみながら、指先のコントロールにもつながります。

塗り絵もおすすめ

塗り絵も指先のコントロール力を育てるのに効果的です。絵型に合わせてはみ出さないように色を塗ることで、細かいコントロール力が身につきます。また、ひらがなを書く準備として、ぬりえをする場合はえんぴつを倒しすぎないようにしましょう。

ひらがなの前にいろいろな線を描いてみよう！

大きいマル

まずは初めと終わりをくっつけられるかな？

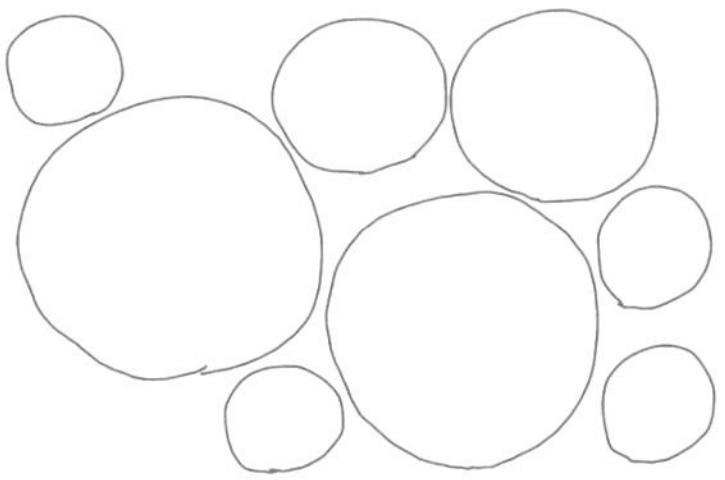

うずまき

少しずつ小さくするのは、とても難しいものです

小さいマル

いろいろな大きさのマルを描いてみよう

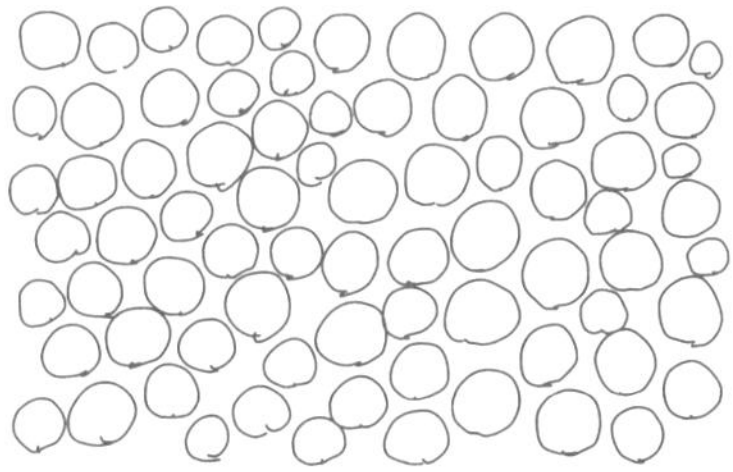

波線

ひらがなの「ん」や「え」
などにつながります

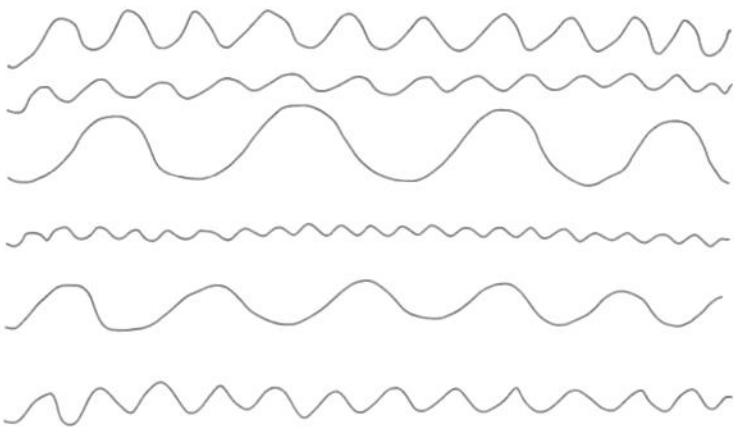

らせん

ひらがなの「の」「よ」な
どにつながります

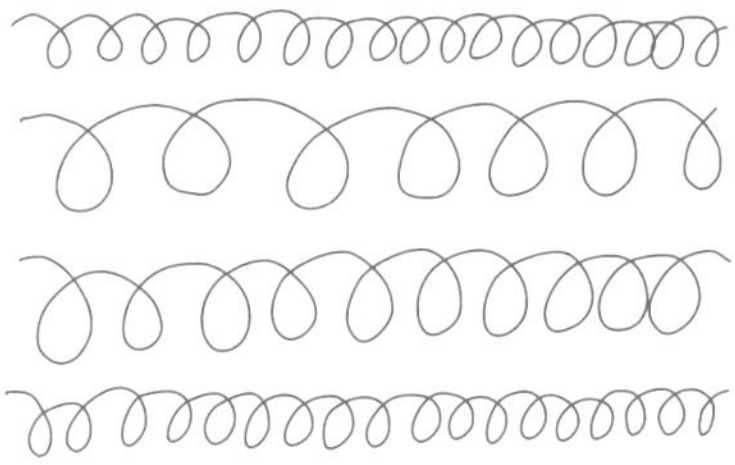

ギザギザ

ひらがなの「れ」や「そ」
などにつながります

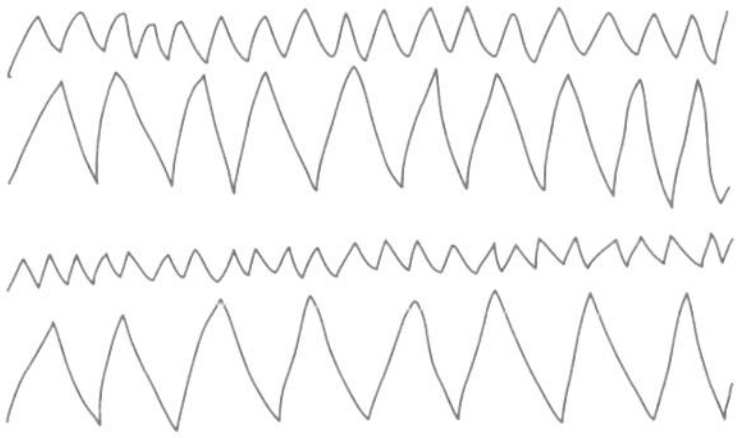

波線2

ひらがなの「て」や「る」
などにつながります

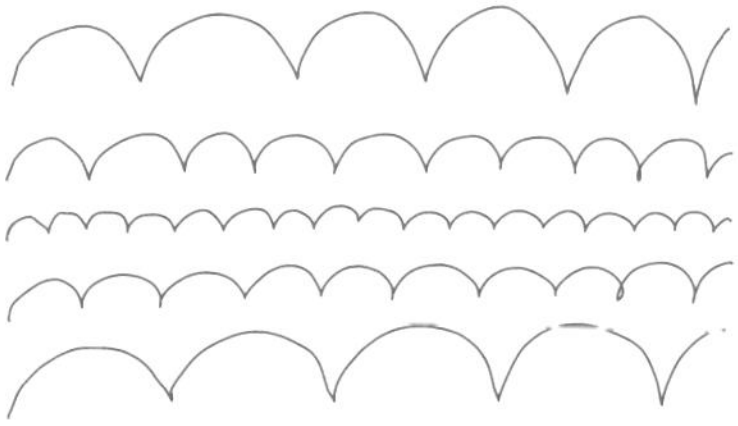

言語
書く姿を見せる

3〜6歳

身近な見本の親が「書く」

2歳ぐらいになると、子どもは自然と話しはじめますが、それは、親が話す姿を子どもが日常的に見ていたからです。

では、文字を「書く」ということに関してはどうでしょうか。書く姿をお子さんに見せていますか？　手紙を書かずに電話やメールをしたり、メモはスマホでとったり、意識しないと文字を書く姿を見せることができません。

しかし、これではお子さんにとって「書く」ということが習得する必要のないことになってしまいます。一番身近な親が、「書く」姿を見せましょう。

子どもの前で「書く」

お父さんへの伝言をメールではなく書き置きにする、買い物に行くときに買うものを紙にメモする、カレンダーを用意してそこにお子さんの予定を書き込むのもいいですね。他にも親が日記を書くなど、お子さんが見ているときに「書く」ことを取り入れましょう。

すると、自然に子どもから「書きたい」と思いはじめる時期がやってきます。繰り返し書く姿をゆっくり見せたり、子どもの書く姿を見守ったりしましょう。

鏡文字（左右が反転した文字）になるなどちゃんと書けていなくても指摘せずに、子どもが自分で気づくのを待ちます。

ちなみに「読む」と「書く」は別のこととらえ、「書きたい」時期には思う存分「書く」、「読みたい」時期には思う存分「読む」ことが大切です。

言語
赤ちゃん絵本再登場

3~6歳

文字の少ない絵本から

ひらがなを少しでも読めるようになったら、ぜひ赤ちゃんのときに読んでいたような文字の少ない絵本を本棚に用意してあげましょう。

たとえば、りんごの絵に「りんご」と書いてあるようなシンプルな絵本なら、ひらがなが読めなくても、絵を見て読み方がわかります。これだと子どもが「読めた！」と感じやすいのでおすすめです。

はじめは音読

文字が読めるようになってくると、はじめのうちは一文字ずつ、つっかえながら音読する子がほとんどです。そこで「静かに読んで」と言ったり、いちいち正しい発音を教えたり、スラスラ読んでみせたりする必要はありません。

むしろそうすることで、「自分は読めないんだ」と感じて、読むこと自体が嫌になってしまいます。

子どもが音読を始めたら、なるべく余計な声をかけずに見守りましょう。

子どもの世界を広げる絵本

「読む」ということは、音を発音できるだけでは終わりません。書いてある内容を理解することまでできてこそ、「読む」ですよね。本を読むことで知識や想像の経験を増やすことができます。子どもが選んだ本、子どもが好きそうな本の他にも、大人が選んだ本も本棚に並べておきましょう。

絵本が子どもの世界を広げてくれます。

数
数に興味を持つのは 4～6歳

「敏感期」を見逃さないで

数について本格的に理解しはじめる数の敏感期は、4～6歳です。ですから、小学生になってからで十分と思っていると、数の敏感期を逃すことになってしまいます。

数の敏感期に、数とはどういうものなのかを理解できると、大きくなってから数に対して苦手意識を持たず、算数にもスムーズに移行できます。

数の敏感期がきたら

数の敏感期がきたら、どんなことが楽しくなるのでしょう。そしてどんなことができるでしょうか？

①1～10まで数えることが楽しい

何度も10まで数える姿が見られます。「卵、何個あるかな？」など日常の中でも数える機会を意識して作ってみてください。

②数を作るのが楽しい

「5だよ」と言って5個の石を持ってくるなど、数を構成する姿が見られます。「トマトを3入れてくれる？」など数を作る機会を作ってみましょう。

③大きい数まで数えるのが楽しい

10以上の大きい数を数えることが楽しくなっていきます。「1からいくつまで数えられるかな？」「1からいくつまでの数字が書けるかな？」などと、家にある絵本の数、長い階段の段数など、身近にあるものの数を数えてみましょう。

どれもお勉強ではないので、遊び感覚で楽しくやりましょう。

数
「たす」「ひく」
「かける」「わる」

3~6歳

考え方を紹介する

数が数えられるようになったら、加減乗除の概念をひとつずつ紹介します。

「たす」はいくつかの数を合わせること

「ひく」は大きい数から小さい数をとってしまうこと

「かける」は同じ数を集めて合わせること

「わる」は大きい数をみんなに同じだけ分けたときの、ひとり分の数のこと

これらの考え方を具体的なものを使って、子どもに伝えましょう。

具体的なもので計算する

「りんご4個とみかん6個、合わせると？」

「14個のおせんべいのうち3個食べたら、いくつになるか数えてみよう！」

「人って2つ耳があるけど、3人いたら耳は全部で何個あるかな？　数えてみよう」

「21個のおはじきを3人で分けたら、ひとり分はいくつになる？　数えてみよう！」

このように具体的なものがあると、実際に数えるだけで答えが導き出せます。

間違えても指摘しないで

これは考え方を理解することが目的で、正確に計算することが目的ではありません。たし算を間違えても、「たし算は数を合わせる」ことが理解できていれば大丈夫。「もう1回数えてごらん」「ちゃんと数えて」と指摘すると、数が嫌になってしまいます。成長する過程で、子どもは自然と自分からもっと正確に数えたいと思うようになっていきます。はじめから完璧を求めず、子どもが自分で育つ力を信じましょう。

アート
何を描いたかは聞かない

3~6歳

音楽や芸術は自己表現

モンテッソーリ教育では、自己表現を大切にしています。話すのが苦手でも音楽やアートで自己表現できる子もいます。その子が最大限の可能性を開花させられるように、いろいろな自己表現ができる環境を用意することが大切です。

●音を奏でる

はじめは打楽器から。少しずつ音程のあるものも用意してもいいですね。興味のある楽器があったら、音の鳴らし方や音程を紹介しましょう。

●音楽を聴く

クラシックやポップス、民族音楽など、いろいろな音楽を聴くことは自己表現の材料になります。CDを用意し1枚につき1曲入れて、子どもが自分でプレイヤーに入れて聴けるようにしましょう。CDに曲名をひらがなで書いておくと、好きなときに好きな曲だけを聞けます。

●絵を描く

クレヨン、絵の具、色鉛筆、墨などいろいろなタイプを1つずつ紹介しましょう。子どもは「今日は絵の具をやりたい」「今日はクレヨンにする」と、自分の描きたい手法を選択できます。絵を描く紙は子どもの手の届くところに用意して自己表現の場を大切にしましょう。

「それは何？」と聞かない

ポイントは「何を弾いたの？」「何を作ったの？」と聞かないこと。質問されると具体的でないといけないんだ……と子どもにプレッシャーを与えます。自己表現は自由でいいのです。「たくさん叩いたね」「赤く塗ったね」など、子どもが表現したありのままを伝えると、子どもは思いのまま自己表現することが楽しくなります。

かかわり方
6歳は幼児から児童へ

6歳ごろの移行期の様子

幼児期（3～6歳）と児童期（6～12歳）では、子どもの性質が変わります。移行期の6歳ごろには児童期の特徴が現れてくる子もいるでしょう。

●理由づけをする時期

児童期はなんでも理由づけをする時期。なぜそれが起こったのか背景を知りたがるので、根拠や理由づけをして学ぶのが効果的です。

●正義感が強い時期

大人の言うこととやることとの矛盾を発見し、正義を求める時期です。鋭いところがあり大人も痛いところを突かれるかもしれません。イライラせず謝って改める素直さを見せましょう。

●道徳観を養いたい時期

道徳観が発達する時期です。何が正しいのかということに強い関心があります。教えるのではなく一緒に考えていきましょう。

●知識を増やしたい時期

もっと知りたいという欲求から、「知ってる」「簡単すぎ」なんて言うかもしれません。興味が持続し努力を惜しまないので、学んだことと関連のある場所へ行ったり、図書館で調べたり、知識を増やす方法を紹介しましょう。

●冒険が好きな時期

やったことがないことに挑戦したい時期です。いろいろなことを経験させたいですね。

●グループ活動が好きな時期

モンテッソーリ教育の小学校ではグループ活動が中心になります。同級生だけでなく異年齢グループで話し合ったり学んだりします。「お友達とばかりいて」と思うかもしれませんが、そういう時期です。社会性の発達でもあるのでお友達との時間を大切にしましょう。

Column ❸ テレビやスマホの動画について

テレビやスマホで子ども（0～6歳）が動画を見ることは、モンテッソーリ教育ではおすすめしていません。一見、夢中になっているように見えますが、テレビやスマホの動画は視覚と聴覚への刺激が強く、受け身になることが多いからです。また、怖い映像で恐怖心を植えつけたり、暴力的な言動を子どもが吸収してしまう可能性があります。

ただ、現代社会において、まったくテレビやスマホと触れないことは難しいと思います。動画を見せる際には、時間制限をしたり、事前に親が内容を確認しましょう。

また、子どもが泣いたときなど、あやすためにテレビやスマホを使うのは、やめたほうがいいです。すぐに泣き止むのでとても楽ですが、実は子どもが自分で自分の感情をコントロールする機会を奪ってしまっているのです。子どもが泣いたときは、動画でごまかすのではなく、子どもの気持ちを聞いたり、代弁してあげたり、子どもが自分の感情と向き合えるようにかかわり、付き合うことが大切です。

テレビやスマホは便利なものですが、上手に付き合っていきたいですね。

Chapter

5

プレママ&プレパパのための入門編

出産前から、生まれてくる子どものためにできる「モンテッソーリ教育的な準備」があります。

時間のあるときに、心の準備と環境の準備をしておくとスムーズです。

恥ずかしがらずに話しかける

お腹の中の赤ちゃんは、妊娠7か月ごろから音を聞くことができるようになってきています。そのくらいになったら、ぜひ積極的に赤ちゃんに話しかけましょう。

ひとり言みたいで、どうしても恥ずかしいですか？　では、話しかけることのメリットを3つ、お伝えします。

①脳は刺激を受けると発達する

脳は刺激を受けることで発達していきます。ですから、声という音の刺激があることが、お腹の中の赤ちゃんの脳の発達を促します。

②赤ちゃんが安心できる

生まれたばかりの赤ちゃんは、環境が大きく変わったことで不安がいっぱいです。でも、お母さんの声やお父さんの声を胎児期からよく聞かせていると、「あ！　この声、お腹の中にいたころに聞いたことがある」と、赤ちゃんが安心できる材料になります。

ちなみに、お母さんの声はお腹の中にいても体を通して自然に伝わり、赤ちゃんがいつも耳にすることができますが、お父さんの声はそうではありません。ですから特にお父さんは、生まれてきた赤ちゃんに「この人の声は知らない！　不安だな」と思われないためにも、お腹の中にいるときから、恥ずかしがらずにたくさん話しかけておくといいですね。

③言語教育の第一歩

耳で音を聞くことができるようになったときから、言語の吸収ははじまっています。話しかけることが、赤ちゃんの言語教育の第一歩とも言えるのです。

4つのコーナーを作る

いつも同じ場所で

4つのコーナーとは、活動のコーナー、睡眠のコーナー、おむつ替え（着替え）のコーナー、授乳（食事）のコーナーのことです。

赤ちゃんを迎える準備をする上で大事なのは、産後に赤ちゃんと過ごすそれぞれの場所をきちんと決めておくことです。昨日はあっちで授乳したけど、今日はこっちで授乳するなど、場所をコロコロ変えないようにしましょう。

場所が決まると安心する

決まった場所があることで、赤ちゃんは「あ、ここに来たから、おっぱいがもらえる」など、これから何をするのかがわかり安心できます。

また、おしっこが出て泣いている赤ちゃんを排泄のコーナーに連れて行くと、「ここはおむつ替えをしてもらえる場所だ」と予測して、泣き止むようになります。

逆に毎回違う場所だと「これから何をされるのだろう」と、赤ちゃんは不安になります。

それぞれのコーナーに必要なものを用意しておけば、親のほうも落ち着いて赤ちゃんとかかわれます。

出産前に準備しましょう

この4つのコーナーは、出産前に余裕を持って用意しておきましょう。出産後はそんな準備をしている余裕がありませんから……。ちなみに、活動のコーナーには硬めのマットを敷き、おもちゃを置く棚と子どもの全身が映る鏡を用意します。鏡があることで、赤ちゃんは自分の体がどう動いているかを見て、確かめることができます。

トッポンチーノを用意しよう

いつも同じ場所なのが安心

モンテッソーリ教育では「トッポンチーノ」という赤ちゃんの小さなふとんのようなものをオススメしています。赤ちゃんが生まれてすぐから、ふとんの上で寝るときも、授乳のときも、抱っこしてあやすときも、外出先でも、いつもトッポンチーノを使うようにします。

お母さんのお腹の中では、赤ちゃんは温度も触感も安定した羊水に囲まれていたのに、生まれると抱っこする人が変わったり、ふとんに移されたりして、大きく環境が変化することで不安を感じます。いつもトッポンチーノと一緒にいれば、温かさも匂いも触感も変わらないので、赤ちゃんは安心して過ごすことができるのです。

まず、赤ちゃんが生まれる前にトッポンチーノを用意しておきます。そして、お母さんとお父さんはトッポンチーノをそばに置いて、一緒に寝るようにしましょう。すると、自然とお母さんとお父さんの匂いがつくので、それが赤ちゃんにとって安心できる材料になります。

日常生活を見せる

ベビーベッドに赤ちゃんをずっと寝かせておくと、いつも同じ場所にいることになり、おうちの中のことや、親が何をしているのかなどを見ることができません。

トッポンチーノで親と一緒にあちこち移動すれば、赤ちゃんに日常生活を積極的に見せることができます。

料理をする姿や洗濯をする姿を見せることで、お母さんお父さんが何をしているのかな？　と吸収し、これから大きくなったとき、日常生活に興味を持って取り組むようになるのです。

モビールを すすめたい理由

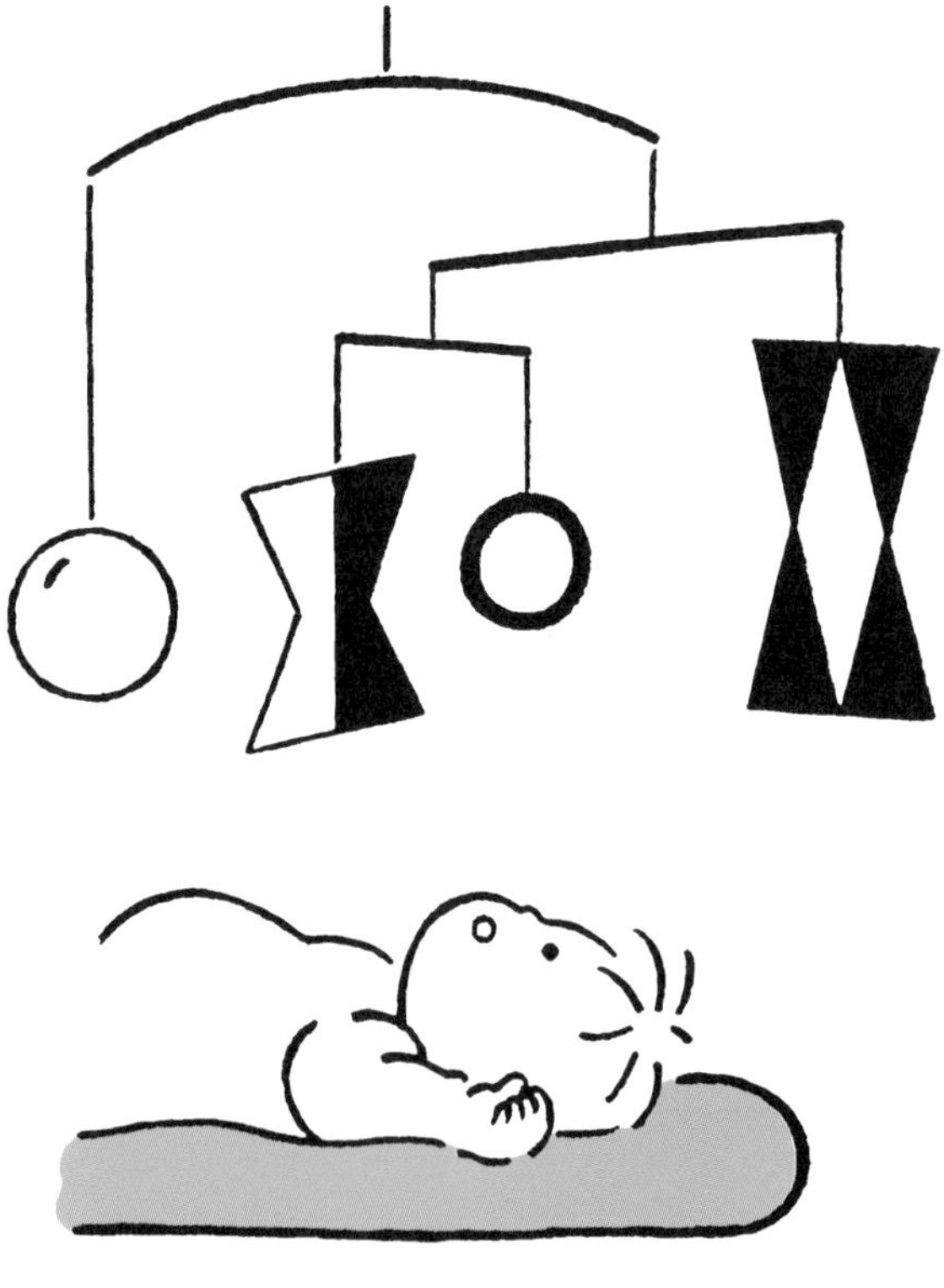

モビールの効果

生まれたばかりの赤ちゃんは視覚が未熟で、視界はぼやけている感じだといわれています。ですから、生まれてから赤ちゃんが最初にやりたいことは、視覚を育てることなのです。

モンテッソーリ教育では、生後3か月くらいまで、視覚を育てるとされるモビールをオススメしています。モビールは弱い風でもゆっくりと不規則な動きをします。モビールを吊るすことで、赤ちゃんは何かをじっと見つめたり、目で追いかけたり、目を使う練習ができます。

はじめは赤ちゃんが焦点を合わせやすいよう、目から30㎝ほどの位置に配置し、見えているようなら少しずつ距離を遠くしましょう。

モビールがあれば、赤ちゃんが自分で自分の視覚を育てることを手助けできるのです。生まれて最初の「ひとりでできる活動」ともいえるかもしれませんね。

見る力＝視力の良さではない

見る力には、視力以外にも注意力、動体視力、観察力などいろいろな力があります。これらの能力は測ることが難しい上に、大人が「よく見て」と声をかけたからといって育つものではなく、子どもが自分から「見ようとする」ことで発達します。生まれてすぐの「見る」ことが養われるこの時期にこそ、たくさんの「見る」経験をさせましょう。

見ることは、今後の発達にも影響を与えます。少し遠くのボールが見えるからこそ、自分から動いて取りに行きたいと思うものです。興味や好奇心のきっかけになり、「いつもと違う」と間違いに気がつくなど、知的な発達にも役立ちます。

気をつけたい育児便利グッズ

便利グッズには要注意

大人にとって便利な道具には、子どもの自然な発達の邪魔をしてしまうものがあります。使ってはいけないわけではありませんが、デメリットを知った上で上手に活用しましょう。

●バウンサー、おくるみ

長時間の使用は、赤ちゃんの自発的な運動を邪魔してしまいます。まだ自分で動けない赤ちゃんでも手足をばたつかせて小さな運動をしています。それが寝返りやハイハイ、歩行へとつながります。平らなマットの上に寝かせると、自分で動く喜びを自然と知っていきます。

●歩行器

実際の歩行と違う足の使い方なので長時間の使用はおすすめできません。また、歩く時期が遅れることがあります。

●ベビーサークル

欲しいものが見えていても手が届かないので、探究心が奪われて消極的になりがちです。

●おしゃぶり

泣くことは赤ちゃんの自己表現であり、コミュニケーションのひとつです。おしゃぶりで泣き声をあげないのは、しゃべるなと言われているようなものです。

●ストローマグ、吸盤のついたお皿

食器の扱いを学ぶ機会を減らしてしまいます。こぼれる、割れるという経験も子どもにとって学びです。

●ベビーベッド

自分で出入りできないので、赤ちゃんがいつも受け身になってしまいます。モンテッソーリ教育では、ふとんやマットレスなど自分で出入りできるものをおすすめしています。

父性は
勝手には育たない

意識的に触れ合う時間を

お母さんの母性は、妊娠したときに自然と芽生えます。赤ちゃんの成長に合わせて体が変化しますし、胎動を感じるようになると、ますますお腹の中に命があることを実感できますね。

一方、お父さんの父性は、子どもと触れ合うことでしか育ちません。ですから、お父さんは妊娠中から、お腹にいる赤ちゃんに積極的に話しかけたり、お腹をなでたり、お母さん以上に意識して触れ合う時間を作りましょう。

お母さんの負担を減らす

生まれて最初の2か月間は、赤ちゃんがお母さんと信頼関係を築く大切な時期です。お父さんは、お母さんが赤ちゃんとのかかわりを大事にできるようサポートしましょう。もちろん、2か月以降も、お母さんの負担を減らしてあげることが、赤ちゃんのためにもなります。

お父さんができること

お父さんができないことは、授乳です。逆に、それ以外のことはほとんどできます。

- おむつ替えや着替え
- ほ乳びんでの授乳や哺乳瓶の管理
- 抱っこする　●沐浴をする
- あやす（話しかける、歌ってあげる）
- 散歩に連れて行く
- 母乳のために栄養のある食事を作る
- 赤ちゃんの汚れ物を洗う　など

お父さんは積極的に家事や赤ちゃんのお世話をし、お母さんはお父さんを信頼して積極的にまかせましょう。家族はチームです。一人ひとりに役割がある必要があります。

母乳の役割

愛情と安心感を与える

お腹の中で一体だった赤ちゃんとお母さんですが、産後は離れ離れになってしまいます。

赤ちゃんにとって授乳時間はお母さんと密着して一体になれる、安らげる時間です。栄養だけではなく、互いに愛情を与え合っていることを忘れないようにしましょう（ほ乳びんを使っていても同様です）。

スマホやテレビを見ながらの授乳はできる限り控えて。例えるなら、恋人と2人で愛を育む時間にスマホを見ているようなものです。

離乳食・普通食の前段階

授乳と離乳食は別、と思うかもしれませんが、どちらも立派な食事です。食事をするときのように定位置を決めましょう。立ちながら・歩きながらの授乳も、食事は立ちながら・歩きながらしてもいいと教えていることになってしまうので、座って落ち着いて授乳するよう心がけましょう。

母乳はすごい！

母乳の中でも最初の4、5日間に出る初乳は、お母さんの抗体がついたタンパク質が多く含まれていて、赤ちゃんの免疫になり、健康な発達のサポートをしてくれます。

また、その後の母乳には神経系のミエリン化を助けてくれる脂肪分が含まれています。ミエリン化することで、脳から身体への指令（電気信号）がちゃんと身体に届くようになる＝身体を自分の思い通りに動かせるようになります。

母乳は、特別な理由がなければ、積極的に飲ませてあげたい特別な食べ物なのです。

授乳のやり方

欲しがるときに欲しがる分だけ

モンテッソーリ教育では「自由時間制」という授乳方法（母乳の場合）をすすめています。赤ちゃんがおっぱいを欲しがっているときに、欲しがっている分だけあげるというものです。「2時間ごとに、左右10分ずつ交互に」などお母さんの都合で管理はしません。

お腹がすいたときに満足するまで食べるのが、人間として生き物として自然なこと。それは赤ちゃんも同じです。「自由時間制」にすることで、赤ちゃんは生まれたときから食べることに対して自分主体で積極的になれます。

●おっぱいを押し付けない

「ほら、飲んで」と赤ちゃんにおっぱいを押し付けるのではなく、口元にそっと乳首を持っていくと、赤ちゃんは本能で乳首をくわえます。

●自分からおっぱいを外すまで待つ

赤ちゃんは、満足するまで飲んだら自分でおっぱいから口を離します。はじめは勢いよくても後半は休み休み飲むので「もういい？」と思うかもしれませんが、赤ちゃんが口を離さなければまだです。口を離すまで待ちましょう。

●本当におっぱいかな？　と考える

母乳の消化には2～2時間半かかります。満足するまで飲んだ後、1時間程度でまた泣くのなら別のことが原因なのかも。眠かったり、げっぷを出したかったり……。泣いている理由をよく観察しましょう。

「泣いたらなんでもかんでもおっぱい」にすると、不快なときはご飯を食べてごまかそう！と教えているようなものです。おっぱいをあげる前に、本当におっぱいかな？　別のことで泣いているのかも？　と考えてみましょう。

Column 4

モンテッソーリ園はやっぱりすごい

本書では家庭で行う「おうちモンテッソーリ」についてご紹介していますが、モンテッソーリ教育を取り入れている幼稚園・保育園、子どもの家などの魅力について少しお話しします。

モンテッソーリ園は、異年齢の子どもたちが毎日同じクラスで過ごしています。年少者は年長者から学び、年長者は年少者のお世話をする姿が見られます。また、たくさんの教具もあります。それぞれの教具は関連し合い、子どもが自分で気づき、自分で学べるようになっています。そして何より、プロフェッショナルな先生がいます。子どもを観察し、興味を見抜く力のすごさ、子どもの見本としての立ち居ふるまいは美しくすらあります。わたしも先輩の先生からたくさんのことを学びました。さらに、園には子どもだけの生活があります。登園から降園まで、身支度や活動、片付け、昼食の準備など何から何まで子どもが自分で行います。知らない方が見たら、子どもたちのあまりの自立した姿に、本当にびっくりすると思います。

「おうちモンテ」でできることはたくさんありますが、園でしかできないモンテッソーリ教育のすばらしさも多くあります。お近くに園がある方は、ぜひ一度見学してみてください。

Chapter

6

難しくないモンテッソーリ的 環境の整え方

環境を整える、というといかにも
面倒で難しそうですが、
ここでご紹介するのは気軽なものばかり。
特別な道具も必要ないので、
ぜひチャレンジしてみてください。

服装は発達に合わせる

子どもの服装を、なんとなくかわいらしいからとか、お気に入りのキャラクターがプリントされているから……とかで選んでいませんか？　子どもの服装選びでもっとも大切なのは、子どもの発達に合わせることです。

生まれたばかりは手足を出す

赤ちゃんは手足をバタバタさせて運動しているので、手足が出るような服装にします。起きているときにふとんをかける必要もありません。暑い・寒いは室温や服装で調整してあげましょう。

ズリバイをはじめたらロンパース

ズリバイしながらはだけないよう、ロンパースがいいでしょう。ズリバイしたとき痛くないよう、体の正面にボタンがないものを選びましょう。

また、ズリバイは足の裏を使い床をとらえるの

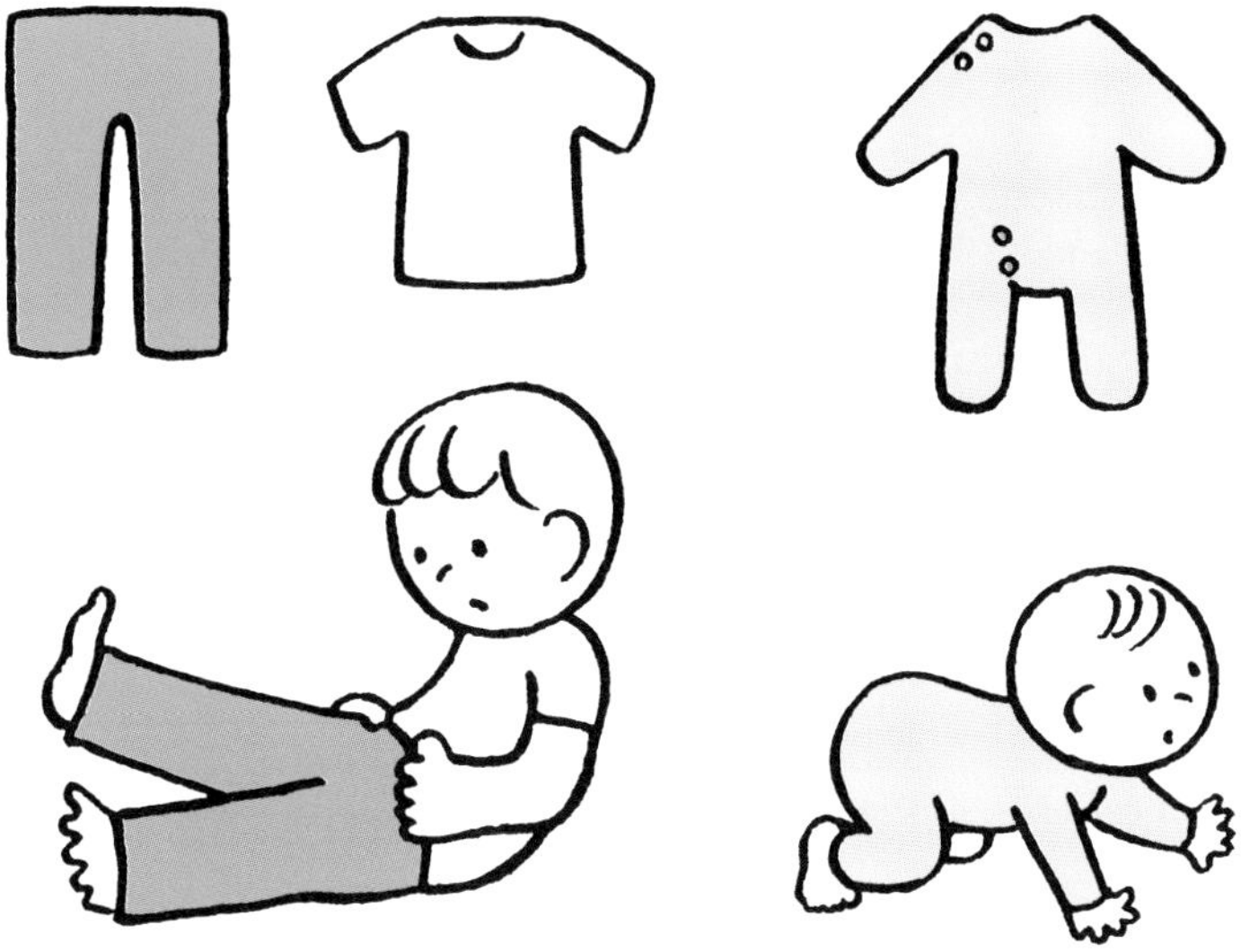

で、室内では裸足がおすすめです。

ハイハイしたら上下分かれた服装に

まだ自分で服を着られるわけではありませんが、ハイハイをしはじめたら、「これから自分で服を着るんだ」ということを意識させましょう。

自分で服を着られるようになるには、服が「自分で着ることができるつくり」になっているかが大切です。たとえばロンパースは股のところにボタンがあるので、自分で着ることは難しいですよね。

ですから、自分で着ることのできる上下に分かれた服装にしましょう。はじめのうちはボタンなどがついていないシンプルでやわらかい素材のシャツやズボンがいいです。なぜなら、ボタンを自分でとめることができない＝常に親の手伝いが必要＝着脱の自立が遅くなる、からです。

「自分で着られる」「動きやすい」が大切

歩けるようになり、手先の器用さが育ってきたら、お子さんの様子を見ながら、少しずつステップアップしてファスナー、ボタン、ベルトなどのついたものを取り入れていきます。また、小さいうちは窮屈な服は自分で着づらく、自立の邪魔になります。きつすぎず、伸びやすい素材の服を選びましょう。

「動きやすい」「自由に活動できる」ことも大切です。長いスカートや生地が硬いジーンズなどは、ときとして子どもの運動や活動の邪魔になってしまうことがあります。思うように足を上げられない、広げられないなど、服装のせいで「できた」を感じられないとしたら、それはもったいないことです。

シンプルな無地のものを選ぶ

また洋服を自分で着られないうちは、なるべく無地などシンプルな柄のものを選ぶようにしましょう。

好きなキャラクターや乗り物のイラストなどがついたものを選んでしまいがちですが、脱ぐ・着るという服の本来の目的に向かえなくなってしまいます。Tシャツを着てほしいのに、Tシャツに描いてある車の話ばかりして、なかなか着てくれないことがよくあります。

無地、色物、チェック、ボーダーなどシンプルなものを選んであげることが、子どもの発達のお手伝いになるのです。

自立を助ける「鏡」

「洋服をちゃんと着られてないよ！」「シャツが出ているよ」「口の周りが汚れているよ！」などと、誰かに指摘されるのは嫌なものです。親としても、子どもに毎回指摘するのは大変ですし、口うるさく言っている自分が嫌になってしまうかもしれません。

自分で見て気づけるようにする

そうならないためにも、ぜひ部屋に鏡を用意しましょう。鏡があることで、子どもは自分で気づいて、自分で身だしなみを整えることができます。「ちゃんと洋服が着られていなかった」という失敗に、自分で気づくことさえできれば、人に注意されなくても自分でやり直すことができ、「自分でちゃんと着直すことができた！」という成功に変わります。

家の中のあちこちに鏡をセット

着替えをするクローゼットや洗面所、食事をするダイニング、出かける前の玄関などには、子どもが見やすい位置に鏡を置いてみましょう。鏡は壁掛けのものや、壁に貼るシートタイプが使いやすいです。

「ちゃんと着られてないよ!」「口の周り汚れてるよ!」のかわりに、「鏡を見てみたら?」と、鏡で自分の姿を確認することを習慣づけることで、どんどん自分のことが自分でできるようになっていきます。

失敗を成功に変える環境

こぼす、汚す、散らかす、など子どもは毎日のようにいろいろな失敗をします。

もちろん、それらの失敗は成長するために必要なものなので、マイナスではありませんが、これを成功に変える魔法があります。

失敗をやり直して成功に変える

それは「自己訂正」です。失敗したことを自分で正して、「できた」にするのです。たとえば、牛乳をこぼした失敗を、自分で拭いてきれいにできたとしたら、「こぼした」という失敗が、「拭けた！」という成功に変わります。

なので、子どもが失敗したときに備えて、子どもが自己訂正できるような環境を整えてあげることが大事です。飲み物をこぼしたときに備えて、子どもの手が届くところに、ふきんやぞうきんを用意しておきましょう。

細かいものを散らかしてしまったときに備えて、子どもの手が届くところに、ほうきとちりとりを用意しておきましょう。

食べこぼしで服を汚したときに備えて、子どもの手が届くところに、着替えや汚れものを入れるカゴを用意しておきましょう。

自己訂正が自信につながる

はじめのうちは、親が声をかけて一緒に失敗の後処理をする必要がありますが、子どもの手の届くところに道具を置いておくことで、そのうち自分で自己訂正できるようになります。

もし子どもがよくする失敗などがあれば、どうしたら自己訂正ができるか考えてみましょう。自己訂正ができれば、大人も子どもも失敗にイライラしなくなりますね。

気が散るものは目につかないところへ

子どもは何にでも興味津々です。何かをしていてもすぐに違うものに気が移り、なかなか集中が続きません。たとえば大好きなキャラクターのおもちゃが目につくところにあれば、目に入った瞬間に集中が途切れてしまうでしょう。集中が続くようにするには、気が散るものを子どもの目の届くところに置かないことです。

いつもと違うと気になる

また普段なら気を散らすものでなくても、いつもと違う場所にあると気が散ることもあります。「いつもと違う場所にあるな」「なんでだろう？」と、気になってしまうんですね。ものは定位置を決め、いつも同じ場所に片付けるなど整理整頓された空間を作ることは、子どもの集中を邪魔しない意味でもいいことなのです。

目的を意識できるようにしよう

もし食べることに集中できないのなら、食事中に子どもの席から何が見えるか確認してみましょう。おもちゃが見えていないか、テーブルに食事に不要なものはないかなど。あれば片づけて、子どもの席の位置を見直してもいいかもしれません。

朝の支度がなかなかできないのなら、朝起きてから出かけるまでの子どもの動線をチェックしてみましょう。着替えのとき周りに何があるか、着替えの場所から玄関までに何か気の散るものはないか、ひとつずつ見直してみてください。

子どもが何にでも興味を持つのは悪いことではありません。気が散ったときに「集中して」と注意するのは、子どもの好奇心や探究心を否定することにもなるので、まずは気が散らないように環境を事前に整えておくことが大事です。

あえて「割れるもの」を使う

子どもが割ってしまうのが怖いからと、お皿やコップなどを、割れないプラスチック製のものにしていませんか？

ものを大切に扱うことが学べない

たしかに割れないタイプは安心かもしれませんが、それではものが割れないようにていねいに扱うということが身につきません。0〜6歳は、運動の敏感期で、ものをそっと扱うなど、細かな運動の調整が身につく時期です。

うっかり落としてものを割ってしまう経験は、決してマイナスではありません。そういう経験があるからこそ、次は気をつけようと自発的に注意深くなっていくのです。

また、プラスチック製のものを使っていると、わたしたち大人も、知らず知らずのうちに扱いが雑になってしまいがちです。しかし、割れるもの

を使うと、大人の所作もそれに合わせて、自然とていねいになります。そんな姿を見ることで、子どもはその所作を吸収することができるのです。

環境問題の観点からも向き合う

あまり知られていないかもしれませんが、モンテッソーリ教育は環境問題にも向き合っています。マイクロプラスチックによる海洋汚染などは、とても深刻な問題です。モンテッソーリ教育ではそういった観点からも、日常生活の道具だけではなく教具、教材についても木製を優先して、プラスチック製品ばかりを使わないように配慮されています。

子どもサイズの道具を用意する

子どもが日常生活に参加しやすくするために、子どもサイズの道具を用意するのはとても効果的です。

大人用の道具は扱いにくい

大人も自分の身体に合う道具は使いやすいですし、逆に大きすぎると思うように扱えません。子どもにとって、大人が使っている道具は大きすぎて使いにくいのです。

子どもサイズのものがあるだけで、できなかったことができるようになったり、やろうとしなかったことをやろうとしたりします。そして、子どもは「できた」を感じ、自発的に自立へ向かうことができるのです。

機能性も確認しよう

子どもサイズの道具は、機能的にしっかりして

いるものを選びましょう。おもちゃのような、機能的ではないものがたまにありますので、そういったものは選ばないでください。

また、子ども用の補助がついている箸やハサミのように余計な機能もいりません。余計な機能があることで、子どもの手先の発達を邪魔してしまいますし、注意力も養われません。

道具としての機能はしっかりしていて、子どもが扱いやすい大きさ、重さ、持ちやすさのものから使いはじめましょう。

子どもサイズの道具の例

箸、スプーン、フォーク、ナイフ、トング、コップ、ピッチャー、包丁、ほうき、ちりとり、モップ、ブラシ、霧吹き、ぞうきん、ハサミ、くし、ジョーロ　など

子どものための水場を作る

子どもは水が大好き。流れて器に入ればその形になり、触ると気持ちがよく、手洗い、トイレ、洗濯、食器洗い、お風呂など生活に必要不可欠です。重要なものだからこそ、子どもも潜在的にしっかり性質を理解しようと思うのかもしれません。家庭ではつい「水がもったいない」「周りが水びたしになる」と子どもを水から遠ざけてしまいがちですが、お子さんの水を触りたいという気持ちを満たせる水場を用意しましょう。

ピッチャーとボウルとバケツ

モンテッソーリ教育の水を使う活動は、ほとんどがピッチャーとボウルとバケツを使います。流しは蛇口をひねればいくらでも水が出るので「もうおしまい」という制限がしにくいです。ピッチャーを使えば、大きいピッチャーか小さいピッチャーかで、使う水の量を制限できます。あふれ

ないように入れて、こぼれないように運ぶことも学べます。ピッチャーで運んだらボウルに入れて使い、使い終わったらバケツに入れて捨てます。

バスタオルとぞうきん

はじめは水の扱いに慣れていなくて、子どもはたくさんこぼします。それも学びです。「濡れたこれで拭くよ」とぞうきんを紹介しましょう。手が届くところにあれば、自分で拭くようになります。

ただ、子どもが一生懸命やっているときに、「ここ先に拭いて」と邪魔するのはよくありません。そんなときはバスタオルを敷いて、危なくないように吸っておいてから、活動がひと段落したときにぞうきんで拭くことを紹介しましょう。

バスタオルとぞうきんをしっかり用意することで、子どもがこぼしたときに、親もイライラせずおだやかに見守れます。

踏み台・ラーニングタワー

キッチンや洗面所には、踏み台を用意しましょう。子どもが自分で出せて、安定しているものがおすすめです。自分で手を洗ったり、植物やペットにあげる水をくんだり、野菜を洗ったり、食器を洗ったりすることができます。

「ラーニングタワー」とは踏み台の一種で、囲いがついて落ちる心配がなく、小さな子どもでもキッチンのお手伝いができる家具です。場所をとりますが、立てるようになる1歳前後からキッチンで親が料理をする姿などを見ることで興味を持ち、1歳半くらいから自然と料理に参加してくれます。

子どもサイズの流し

ドリンクサーバーを使うなどして、子どもが使いやすい高さの水場を作ると、子どもの自立を助

けることができます。手を洗ったり、植物にあげる水をくんだり、野菜を洗ったり、食器を洗ったりを、子どもがやりたいときにやるということが、大切にしたいポイントです。

洗濯板とたらい

洗濯機ではなく、お子さんと手で洗濯するのもよいでしょう。子どもが使えるサイズの洗濯板に、たらいと石鹸を用意して洗ったり、大きなたらいで踏み洗いするのも楽しいものです。ちゃんと洗えなかったら、後でこっそり洗濯機で洗濯し直せばよいのです。洗濯物がきれいになること以上に、子どもが水で活動して満足することが大切です。

お風呂掃除や洗車、花壇や植物への水やり、暑い日の打ち水、そんな水を使える場面にはぜひお子さんも誘いましょう。

植物に触れる

　モンテッソーリ園には必ず植物があります。人間は植物の恩恵を受けて生きています。植物を食べて、植物が出してくれる酸素を吸っています。植物がなくては生きていけないのです。

　ですから、植物に水をあげたり、植物の種を植えたり、収穫して食べたり、植物とかかわる機会をご家庭でも、たくさん作ってあげましょう。

●観葉植物
　植物自体はどんなものでもかまいません。子どもサイズの小さなジョーロを用意して、水のあげ方を紹介しましょう。小さなジョーロなら、繰り返しあげてもあげすぎにはなりません。

●家庭菜園
　種をまき、水をあげ、収穫し最後には食べる。家庭菜園で自分が食べる野菜や果物を育てることは最高の食育になります。そして、食べた後に残

った種をまいたり、皮などの生ゴミをコンポストに入れ肥料を作ったりできれば、食べ物の循環を経験することができます。

●公園や街路樹

季節を感じられる落ち葉や新芽、野の花など、子どもの前では大人も感性を研ぎ澄ませ、「葉っぱが紅葉したね」「新芽が出てる」「桜が咲く季節だね」と子どもとの会話を楽しんでみましょう。

●登山、森林浴

休みの日には登山や森林浴で自然に触れるのもおすすめです。小さいころから身近に植物があった子は、自然を楽しみ、野菜や果物のありがたさを感じ、環境に配慮することができる大人になるでしょう。

「持続可能な社会」を作っていくには、未来を担う子どもたちに植物や自然と触れ合ってもらう機会が必要です。

Column 5

モンテッソーリ教育とSDGs

モンテッソーリ教育は100年も前から、持続可能な社会の実現を目指しています。教具がプラスチック製ではなく木製だったり、紙おむつ（プラスチックが使われている）ではなく布おむつをおすすめしていたり、脱プラスチックも環境保全の一環です。

大切なのは、わたしたちが環境へ配慮をする姿を子どもに見せること。使い捨てのものは使わない（割り箸、ストロー、紙おむつ、ペットボトルなど）、リサイクルをする、壊れたものは修理して使う、エコバッグを持ち歩く、生ゴミはコンポストで堆肥にするなど、大人がしていれば、子どもは自然に吸収します。お話しができるようになったら、ゴミ分別の理由、水の出しっぱなしはなぜいけないのか、電気はどう作られているのか、冷暖房の使いすぎはよくない理由など、身近な環境問題について話すのもいいですね。

そして、お休みの日には山や川など自然へお出かけをして、動植物に触れる機会を作りましょう。自分は地球に住む一員だと実感し、子どもたちが地球を愛することができるようになるといいですね。子どもたちがSDGsを普段の生活の中から意識できるようにし、当たり前に感じられるようにすることが、わたしたち大人の役割です。

むすび

“おうちモンテ”にまつわるQ&A

ここでは、保護者の方からよく
寄せられる質問をご紹介し、
それにお答えしています。
同じような疑問をお持ちの方は、
ぜひ参考にしてみてください。

Q モンテッソーリ教育では大人は子どもを怒らないのですか?

A

怒らないわけではありませんが、モンテッソーリ教師は子どもを大きな声で怒鳴ったり、暴言を吐くようなことはしません。ですが、やってはいけないことをしたら真剣な顔ではっきり伝えます。これを「怒っている」ととらえる子どももいるかもしれません。

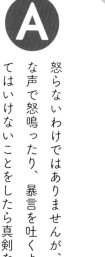

してはいけないことを冷静に伝える

子どもに伝えたいのは、「お母さんが怒っている」ということではなく、「○はしてはいけない」ということですよね。子どもは大きな声で怒鳴られると、怒鳴られたことばかりが記憶に残り、なぜ怒鳴られたのかという肝心の理由が伝わらないことがあります。それでは怒り損です。

また、0~6歳はいろいろなことを吸収している時期です。いつも大きな声で怒鳴られていた子どもは、「嫌なことがあったら怒鳴ればいいんだ」と学んでしまうかもしれません。すると、保育園などでお友達とトラブルになったときに、大きな声で怒鳴ったり、大人になってから友達や家族、同僚に大きな声で怒鳴る人になるかもしれません。

子どもと対等な目線で話し合う

私たちが目指すのは「平和的な解決」です。どんなに腹立たしいことがあっても、暴言を吐いたり暴力で解決したり権力で言い負かすことは、絶対にしてはいけないことです。これは親と子の関係でも同じ。子どもと対等な目線に立って話し合い、真剣に繰り返し伝えていきたいし、そんな姿を子どもに見せたいですよね。

「怒り」の感情を持つことは人として普通のことですが、その「怒り」をどう表現するかを、親はコントロールする必要があります。どんなにイライラしていても、平和的なものの伝え方ができれば、子どももそのような表現を吸収することができます。

Q お友達とのかかわりが苦手です。このままで大丈夫でしょうか？

A

大丈夫です。0～6歳は人格形成の基礎、つまり自分を作っている時期。言い換えれば、まだ自分ができあがっていません。だからこそ、お友達とかかわる前に、0～6歳は揺るがないしっかりとした自分というものが作れるよう、個人を大切にしてあげましょう。

3歳までにしっかり自分が満たされることが大切

0～3歳は前頭葉が未発達で自己中心的な時期。これは性格ではなく発達途中なだけです。ですから、しっかりと心を満たしてあげることが大切です。0～3歳のうちに満たされていた子は、3歳以降に自然と人に譲ることができるようになります。3歳までに他人に譲ることばかり教えられてきた子は、3歳以降も所有欲が強い子になります。不思議なことに真逆なのです。同年代の子とかかわることや同年代の子を見ることは刺激になっていいことですが、トラブルになる時期は少し離れて、個人として満たされる時間をしっかりとりましょう。

3歳以降にやっと相手の気持ちに気づく

2歳ごろになると自分の気持ちを認識するようになり、3歳以降に他人にも気持ちがあると気がつくようになります。トラブルになったら、大人はそれぞれの気持ちを聞き、どうしたらいいか自分たちで考えられるように仲介しましょう。決して「こっちが悪い」と大人が決めつけないようにしてください。

また、無理に友達の輪に入れる必要はありません。輪から外れて自分のやりたいことを黙々とやるのは自分の欲求を満たし、心を育てているのです。もちろん、すぐに友達の輪に入ることができる子もいますが、それはその子の気質です。比べる必要はないので、お子さんのやりたいことを尊重し見守りましょう。

お友達とのかかわりを本格的に深めるのは、6歳以降の児童期です。家族との時間が全然なくなってしまったと思うくらい、友達と一緒にいる時間が増え、友達と何かをするのが楽しい時期が自然とやってきます。

Q 用意した活動をやってくれません。どうしたらいいですか？

A

せっかく用意した活動（おもちゃや遊び、日常生活など）を子どもがやらなかったり、1回やってすぐに飽きることは珍しくありません。わたしたち大人が忘れてはいけないのは、子どもが主体ということ。子どもがやらないなら、押しつけたり、無理にやらせたりしてはいけません。

楽しさを伝えるか、新しい活動を用意しよう

方法① 楽しそうに活動をしてみる

もしかしたら、お子さんは活動のやり方がわからないか、おもしろさが伝わっていないのかもしれません。まずは親が楽しそうにやってみましょう。「何をやっているの？ やってみたい」と、子どもが寄ってくるかもしれません。

方法② 少し難しい活動を用意する

子どもはどんどん成長します。用意した活動が子どもにとって、簡単すぎてつ

まらないのかもしれません。もう少し難しい活動を用意してみましょう。

方法③　少し簡単な活動を用意する

少し難しいくらいの難易度を子どもは好みますが、難しすぎるものもできなくてやりたくありません。少し難易度を下げた活動を用意してみましょう。

方法④　まったく別の活動を用意する

子どもはなんでも興味津々にやるわけではありません。残念ながら「今の」その子の興味に、用意した活動が合わなかったのかもしれません。もう一度子どもをよく観察し、どんな活動ならやりそうか考え、まったく別の活動を用意してみましょう。

いずれにせよ、なぜやらなかったのかを子どもをよく観察して、考える必要があります。これは、あなたのお子さんを見ていないわたしにはできません。目の前にお子さんがいるあなたにしかできないことです。

子どもの興味や発達に合った活動が用意できるといいですね。

おわりに

『はじめてのおうちモンテッソーリ』、いかがだったでしょうか？

これから気をつけようとか、こうしてみようとか、あれが良くなかったんだなとか、子どもに対するいろいろな思いが出てきたかもしれません。どんな思いも、お子さんを愛しているからこそ出てくるあたたかい気持ちです。

もし、うまくかかわれないとか、どうしたらいいかわからなくなったとか、行きづまってしまったら、この本に書かれていることは一度すべて忘れてもらってもかまいません。まずは、子どもではなく、あなた自身を優先させていいのです。「子どものために」という思いはすばらしいものですが、自己犠牲の子育てでは、〝親が自己を犠牲にする姿〟を子どもが吸収してしまいます。

まずは、あなたが自分自身を大切にできることをしてください。お買い物へ行ったり、運動したり、おいしいものを食べたり。あなたの心が健康で笑顔でいられることが、子どもの笑顔と心の健康につながります。それが楽しい子育てをする最大のポイントです。そして、心に余裕があるときに、本書に書いてあることを思い出して、できることからはじめてみてください。

もっと詳しく知りたいと思われた方は、わたしのやっているオンラインサロン「子育ての学校」ものぞいてみてください。個人的な質問にもお答えいたしますし、たくさんの授業動画を用意しています。

この本では、「おうちモンテッソーリ」について書きましたが、本当ならモンテッソーリ園がもっと増えて、みなさんが家でどうやって取り入れたらいいのか……と考えなくてもいいようになってほしいと思っています。

モンテッソーリ教育の考え方がもっと広まって、みなさんの子育てが楽しいものになり、子どもたちが幸せな未来を作っていけますように。そして、モンテッソーリの世界で、またお会いしましょう！

2021年10月

北川真理子（モンテッソーリアンまりこ）

（参考書籍）

『子どもの発見』マリア・モンテッソーリ著／中村勇訳（日本モンテッソーリ教育綜合研究所）

『幼児の秘密』マリア・モンテッソーリ著／中村勇訳（日本モンテッソーリ教育綜合研究所）

『子どもの精神ー吸収する精神ー』マリア・モンテッソーリ著／中村勇訳（日本モンテッソーリ教育綜合研究所）

『1946年ロンドン講義録』マリア・モンテッソーリ著／アネット・ヘインズ編／中村勇訳／AMI友の会NIPPON監修（風鳴舎）

『新しい世界のための教育』マリア・モンテッソーリ著／関聡訳（青土社）

『パパ、ママ、あのね：モンテッソーリからの11の贈り物』マリア・モンテッソーリ著／AMI友の会NIPPON訳・監修（風鳴舎）

『いのちのひみつ』シルバーナQ・モンタナー著／マリア・モンテッソーリ教育研究所訳・監修（KTC中央出版）

著　者／

北川真理子（きたがわまりこ）

合同会社コソダチ代表、国際モンテッソーリ協会0-3歳／3-6歳ディプロマ、国際モンテッソーリ協会認知症ケアワーカー、幼稚園教諭、保育士。

モンテッソーリ教育の幼稚園や保育園などで10年以上にわたって勤務した後、第一子妊娠中にInstagramで「モンテッソーリアンまりこ」として、モンテッソーリ教育に関する情報発信をスタート。

現在はモンテッソーリ教育を学べるオンラインサロン「子育ての学校」の運営も行う。二児の母。

Instagram：@montessorian.mariko
Twitter：@montessorian_m

いちばんていねいな
はじめてのおうちモンテッソーリ

2021年10月27日　初版発行

著者／北川真理子《きたがわまりこ》

発行者／青柳 昌行

発行／株式会社KADOKAWA
〒102-8177　東京都千代田区富士見2-13-3
電話　0570-002-301（ナビダイヤル）

印刷所／大日本印刷株式会社

ISBN 978-4-04-605446-3　C0037